保温材料行业记忆

张德信　高铁彦　主　编

中国建设科技出版社有限责任公司
China Construction Science and Technology Press Co., Ltd.

北　京

图书在版编目（CIP）数据

保温材料行业记忆/张德信，高铁彦主编．--北京：中国建设科技出版社有限责任公司，2025.6．-- ISBN 978-7-5160-4395-0

Ⅰ.F426.91

中国国家版本馆 CIP 数据核字第 2025PF6869 号

保温材料行业记忆
BAOWEN CAILIAO HANGYE JIYI
张德信　高铁彦　主　编

出版发行：	中国建设科技出版社有限责任公司
地　　址：	北京市西城区白纸坊东街 2 号院 6 号楼
邮　　编：	100054
经　　销：	全国各地新华书店
印　　刷：	北京印刷集团有限责任公司
开　　本：	710mm×1000mm　1/16
印　　张：	7.25
字　　数：	100 千字
版　　次：	2025 年 6 月第 1 版
印　　次：	2025 年 6 月第 1 次
定　　价：	**45.00 元**

本社网址：www.jskjcbs.com，微信公众号：zgjskjcbs
请选用正版图书，采购、销售盗版图书属违法行为
版权专有，盗版必究。本社法律顾问：北京天驰君泰律师事务所，张杰律师
举报信箱：zhangjie@tiantailaw.com　举报电话：(010) 63567684

本书如有印装质量问题，由我社事业发展中心负责调换，联系电话：(010) 63567692

作者简介

张德信

男,汉族,1941年4月生,中共党员,高级工程师;曾任中国绝热隔音材料协会副会长兼秘书长,中国证券监督委员会发行监管部专家;从事绝热隔音材料的生产、科研、营销、施工及设计的行业管理多年,主编出版《绝热材料与绝热工程实用手册》《绝热材料应用技术》,并参与编写了《新型墙体材料手册》《工业炉耐热炉衬》等书。

高铁彦

男,汉族,1976年9月生,中共党员,神州节能科技集团有限公司总经理,兼中国绝热节能材料协会副会长;多年来致力于绝热节能企业的管理,对产品研发、市场营销等有着丰富的实践经验,是廊坊市及河北省劳动模范,获得廊坊市"全市优秀党务工作者"、大城县"优秀共产党员""最美科技工作者""行业先进个人""行业发展贡献奖""行业特别荣誉"等荣誉。

本书编委会

主　　编：张德信　高铁彦
副主编：张峻源　高景赫　高景哲　王萌萌
编　　委：梁凤鸾　张　杰　张　敬　张　英　刘建华
　　　　　张海荣　张素洁　张天喜　张月亲　张海强
　　　　　张春叶　张春英　张春红　吴建红　宁凤辉
　　　　　宁向阳　王桂平　宁向云　王玉翠　宁向水
　　　　　续完女　宁向春　孙明花　宁向玉　郭振明
　　　　　宋秋菊　原菊梅　张春花　张武义　刘吉平
　　　　　刘　耀　刘美艳　黄慧兰　孔　安　符敬慧
　　　　　高凯良　陆　伟　包建平　魏琳健　钱美丽
　　　　　林治贤　林　荣　路国忠　周国富　周国雄
　　　　　魏旭东　罗　寅　冯子如　邓惠青　孙大有
　　　　　杨秀泉　尹绪宗　颜世银　魏树明　张福才
　　　　　王增禄　王新华　徐建峰　房中华　薛喜平
　　　　　张　霜　刘毅烽　庄顺南

前　言

在人类社会发展历史的长河中，每一次技术的飞跃都是人类文明进步的璀璨印记。我国是世界第二大经济体，工业化与城市化进程的加速，不仅促进了经济的繁荣，也对环境保护与能源节约提出了更为迫切的要求。正是在这样的时代背景下，中国绝热节能材料行业应运而生，并逐渐发展成为推动绿色建筑、低碳生活不可或缺的重要力量。

近年来，随着全球气候变化的严峻挑战和我国"碳达峰、碳中和"目标的明确提出，节能减排、绿色发展已成为社会各界的共识。作为提升建筑能效、减少能源消耗的关键材料，绝热节能材料的重要性日益凸显。材料技术的不断创新，不仅极大提高了建筑的保温隔热性能，也为我国乃至全球的能源结构优化和环境保护作出了积极贡献。

站在新时代的起点上，回顾我国绝热节能材料行业的发展历程，我们深感责任重大，使命光荣。作为这一领域发展的见证者和参与者，希望通过本书对行业发展的记录，深入分析其背后的技术革新、市场变迁与政策导向，为行业未来的可持续发展提供借鉴与启示。

绝热节能材料最早被称为保温材料，随着时代的发展和行业的进步，经历了保温保冷材料和隔热隔冷材料阶段，最终发展成为与生产生活密切相关的绝热节能材料。为了使建筑材料、建筑节能和节能建筑的从业者更清楚地了解绝热节能材料，本书记录了行业从无到有、从小到大的辉煌历程、发展脉络，展现出行业技术创新、产业升级、市场发展等方面的成就与挑战。此外，我们还希望借此机会增进公众对绝热节能材料重要性的认识，共同营造绿色、低碳、可持续的生活环境。

本书从中华人民共和国成立前后保温保冷材料发展概况、国民经济恢复期、开始实施五年计划、正式成立中国绝热节能材料协会、各类绝热隔声材料的发展概况、绝热隔声材料工业的成就和进步、21世纪的绝热隔声材料工业等多个维度展开论述，深入剖析行业发展的内在逻辑，揭示技术创新的驱动力，展示市场需求的多元化趋势，探讨政策导向对行业发展的深远影响。

在本书编写过程中，张杰、张英、梁凤鸾、张敬、刘建华等在资料收集和文字编辑时提供了大量帮助，同时也得到了重庆再升科技股份有限公司董事长郭茂、员工陶伟，福建赛特新材股份有限公司董事长汪坤明、员工谢义英，北京金隅节能保温科技（大厂）有限公司总经理仇志铭，上海新型建材岩棉有限公司执行董事倪建华，原西安市岩棉涂料厂厂长周永新、厂长张敏、总工谢诚，四川帕沃可矿物纤维制品有限公司执行董事刘毅峰，中国建筑材料工业规划研究院副院长孔安、教授级高级工程师符敬慧，中国绝热节能材料行业协会会长管理、常务副会长兼秘书长韩继先，北京理工大学教授刘吉平，北京信息科技大学学生张峻源的大力支持，在此一并表示感谢。

由于编者学识有限，加之行业发展日新月异，本书在编写过程中难免存在疏漏与不足。诚挚地欢迎业界同仁、专家学者及广大读者批评指正，共同为我国绝热节能材料行业的繁荣发展贡献智慧与力量。让我们携手并进，在绿色发展的道路上不断前行，共创美好未来。

编　者
2024 年 10 月

目 录

一、中华人民共和国成立前后保温保冷材料发展概况 …………… 1

二、国民经济恢复期 ……………………………………………………… 3

三、开始实施五年计划 …………………………………………………… 4

四、正式成立中国绝热节能材料协会 ………………………………… 16

五、各类绝热隔声材料的发展概况 …………………………………… 52

六、绝热隔声材料工业的成就和进步 ………………………………… 74

七、21世纪的绝热隔声材料工业 ……………………………………… 83

附录 …………………………………………………………………………… 104

一、中华人民共和国成立前后保温保冷材料发展概况

自人类不再洞居开始使用天然土石、草木等建房,以达到保温隔热目的的原始绝热材料算起,已有几千年的历史。

现代意义上的绝热材料兴起于18世纪60年代开始的产业革命(亦称工业革命)之后,至今已有260多年的历史。

1918年为我国石棉及石棉保温制品的创始年。京奉铁路局的劳之常在天津创办了中国第一家石棉企业——天津石棉公司。该公司生产的主要产品有石棉绳、石棉盘根、石棉保温管等,年产量约150t。但好景不长,日本入侵东北后,在天津设代理商经销石棉纺织制品,挤垮了天津石棉公司。

1932年,天津石棉公司倒闭,分解为威业隆等两个小厂。

1934年,振业石棉厂接办了天津石棉公司分解出的威业隆石棉厂,并联合其他小厂如春华、德华等同日商抗争,勉强生存。

1935年,我国著名古生物学家杨钟健先生到山东省临朐县山旺村考察,发现这里是世界上罕见的"化石宝库",拥有丰富的硅藻土矿。

我国硅藻土资源丰富,蕴藏量很大,主要集中在吉林省、云南省和浙江省等地,硅藻土很早就被人们用于液体过滤、澄清和脱色,也被用作吸附剂、催化剂的载体,还是重要的工业原料。我国的硅藻土及制品的规模化工业生产是中华人民共和国成立以后才开始的。工业上利用硅藻土作为保温隔热的材料主要有块状、管壳与

粉状三大类。

1937年卢沟桥事变后，华北相继沦陷，河北省涞源县石棉资源被日军控制，经营了近20年的天津石棉制品工业日趋萎缩。由于原材料短缺，上海的石棉制品工业也未能发展起来。

1941—1945年，重庆大川公司石棉厂先后研制成功橡胶石棉扁带、布制橡胶盘根、油浸盘根和密封垫圈，为增加品种、提高产品质量做出了贡献。

抗日战争胜利后，天津振业石棉厂组建成为振业石棉股份有限公司，成立了第一石棉纺织厂和第二瓦纸厂，增加了手纺线外加工点，生产规模迅速扩大。

杭州建国汽车零件厂，以生产石棉摩擦材料离合器片为主，依靠手工操作。

可见，中华人民共和国成立前到1952年是石棉及石棉保温制品的生产和应用时期。

二、国民经济恢复期

1949年中华人民共和国成立初期，全国仅有18家小型石棉制品企业，生产石棉粉、石棉绳、石棉板等14个品种、150余种规格的低档产品。

1950年，国营企业有了发展，青岛创办了青岛石棉制品总厂；1951年，西安建成新华石棉加工厂；华东军区炮兵后勤部修配总厂于1951年购买了杭州建国汽车零件厂，后建成专门生产摩擦材料的中国人民解放军第三汽车制配厂二分厂。

栓皮栎的外皮木栓层与进口的软木相同，20世纪50年代开始被大面积采剥，制成软木制品，供上海、广州等地的软木厂使用。之后在栓皮栎集中的产地建立了软木加工厂，在内乡、西峡、昭通等地建立了软木厂，从而奠定了中国软木行业的基础，改变了软木依靠进口的局面。

1952年，当时鞍钢工程急需泡沫玻璃$2000m^3$，东北工业部将此项任务交给下属建材工业管理局玻陶研究室和沈阳陶瓷厂，同年11月，泡沫玻璃正式投入批量生产。

三、开始实施五年计划

1953年9月至1954年7月，国家重点工程建设应用了泡沫玻璃逾4000m³，从而开启了泡沫玻璃在中国的工业化生产和应用。

1954年，武汉软木厂建成并投产，产品品种有软木砖、软木管、软木纸等各种软木制品，部分出口到苏联和东欧一些国家。

1955年，鞍山与北京石景山钢铁厂用蒸汽喷吹高炉流出的高温矿渣熔体制得矿渣棉，进行过间断性小批量生产。

1956年，建材部开始组织开发矿棉制品，由建材部玻璃工业设计院参照苏联的资料和标准，设计了成套矿棉生产线。

1956年，石棉行业改组。到该年底，全国共有初具规模的石棉制品企业20家，其中国营企业16家，年产量达到1.04万t，比1949年的216t增长了约47倍。

1957年，建材部批准了大连玻璃厂的岩棉试验方案。

1957年，建材部玻璃陶瓷研究院开始进行玻璃棉的试验研究。

1957年，全国石棉制品工业由国家建筑材料工业部地方材料工业局实行行业归口管理。同年9月，在山东省青岛市召开了第一次全国石棉制品工业专业会议，拟订了石棉制品工业第二个五年发展规划和1958年新产品试制方案。青岛会议的召开，标志着石棉制品工业社会主义改造的完成，为我国石棉制品工业的稳步发展奠定了基础。

1958年，在1957年批准大连玻璃厂岩棉试验方案基础上建成岩棉车间。该车间以辉绿岩、长石、石灰石、苦灰石为原料，以焦

三、开始实施五年计划

炭为燃料,用冲天炉化料,以蒸气平吹法试制出纤维直径为 $7\mu m$ 的岩棉,并投入批量生产。该岩棉月产量100t,为国庆十周年北京十大建筑工程的建设提供了岩棉保温制品,也为辽宁省矿物棉工业的发展奠定了良好的基础。

1958年,商业部在江苏省东海县建立了蛭石研究所,指导和研究蛭石制品的开发和应用,有计划地开采东海县境内蛭石矿,生产膨胀蛭石粒料。

1958年,建材部玻璃陶瓷研究院用火焰喷吹法试制成功超细玻璃棉,单丝直径在 $4\mu m$ 以下。

1959年,玻璃陶瓷研究院又研制出中级玻璃棉,随后建厂投产。

1959年,河南省灵宝县开采出蛭石矿,供各地小型膨胀蛭石厂使用。

1959年4月,上海市人民政府建筑工程局联合工厂新建上海蛭石厂,成功生产出合格的蛭石制品,提供给江浦路冷库工程,使用效果良好。1969年,蛭石制品突破1万 m^3,所用原料来自湖北麻城、河南灵宝、内蒙古和新疆等地。

北京市建筑材料科学研究所投资5万元,建成一条利用高炉矿渣和焦炭生产矿棉的生产线,最高年产量700t。20世纪60年代初,矿棉产品还曾出口逾200t到埃及、苏丹等国,1971年生产线停产。

1959年8月,大连玻璃厂周平、王寿礼、王宪成等人,利用旧厂房、废旧钢材,建成一座小型半煤气池炉,以平板玻璃为原料,以黏土漏板、环形喷嘴为主要喷棉设备,采用压缩空气立吹方法做试验,后因没有专用空压机,试验中断。1960年3月,经过进一步改进,投入小批量生产,日产玻璃棉200~300kg。1962年由玻璃陶瓷研究院设计建成一条日产1t电熔立吹玻璃棉生产线,进入工业性试验并投入生产,在此基础上,将生产规模扩大到3t,该项目获

1963年部级科技成果奖。同年又试制成功了玻璃棉硬板和管套,开始建设年产1500t玻璃棉毡和硬板生产线,1965年一次性投产成功。1964年、1965年,大连玻璃厂又先后建成日产6t电熔立吹玻璃棉生产线。

1963年,北京市建筑材料科学研究所与有关单位共同完成页岩陶粒的生产工艺及产品性能研究。

1964年,南京玻璃纤维研究设计院成立后,与太原矿棉厂合作,开展了岩(矿)棉及其制品成型工艺技术和装备的研究,试制新型多辊离心机、风环、固化炉、分切机等技术装备。同时,设计了国内第一套火焰喷吹玻璃棉机组,上海恒业玻璃钢厂(后改为上海工业玻璃二厂)建成第一条生产线并投入批量生产,采用高碱玻璃为原料,生产纤维平均直径达3μm的超细玻璃棉,这是当时最轻、最耐火、对人皮肤无刺激的保温材料。

1964年,辽宁省沈阳市保温材料厂、鞍山红砖厂、大连保温材料厂、清原具蛭石矿、锦州珍珠岩厂等单位陆续生产膨胀蛭石或制品,膨胀蛭石或制品成为20世纪60年代辽宁省应用量最大的一种保温材料。

20世纪60年代膨胀蛭石及制品的开发应用,在不少领域代替了石棉制品。石棉短纤维的毒害问题,使其渐渐退出保温材料市场主流。

南京新华玻纤厂(原南京玻璃丝厂)开始生产玻璃棉制品。

1965年,南京玻璃纤维设计研究院协助苏州玻璃纤维厂建成日产6t的玻璃棉毡电熔窑并试制成功。

南京新华玻纤厂首创用高碱玻璃棉与酚醛树脂制成吸声材料,为南京大学声学系建造了全国第一个吸声室。江苏南通玻璃一厂用火焰吹法生产超细玻璃棉,纤维直径小于4μm,密度小于20kg/m³,导热系数为0.033W/(m·K)。其隔热性能仅次于羽毛。

三、开始实施五年计划

1966年，南京玻璃纤维研究设计院（简称"南京玻纤院"）与太原矿棉厂成功研制了四辊离心成棉工艺，以代替水平喷吹，随后建成年产5000t的矿棉生产线。

1977年9月22日，《人民日报》发表了《全国人民都希望建材工业大上快上》的社论，更加激励建材人昂扬斗志，奋勇前进。

1. 玻璃棉工业蹒跚前行

1966年年底，南京玻纤院和大连玻璃厂合作，进行了离心喷吹玻璃棉工艺探索试验，试制出优质玻璃棉。1967年，大连玻璃厂进行了中间试验，虽因"文化大革命"而中断，但为以后离心喷吹玻璃棉的研究开发奠定了基础。

1971年，上海平板玻璃厂开始生产玻璃棉及制品，年产量118t。

1977年，上海工业玻璃二厂（原上海恒业玻璃厂）试制成功防潮玻璃棉毡，产品被用于毛主席纪念堂建设工程。

南京玻纤院继续在吉林市石井沟村进行离心喷吹玻璃棉的工业性试验，取得了较好效果，并完成了工业性试验，但推广速度较慢。

2. 膨胀珍珠岩及制品从无到有

1966年，大连耐火材料厂试制成功低温保冷填料珠光砂，即膨胀珍珠岩，从此这一材料不需要从国外进口。1968年，试制成功膨胀珍珠岩填料。水泥膨胀珍珠岩制品在大连耐火材料厂也试制成功。1969年，水玻璃膨胀珍珠岩制品在大连耐火材料厂开发成功，磷酸盐膨胀珍珠岩制品、沥青膨胀珍珠岩制品、乳化沥青膨胀珍珠岩制品先后在大连耐火材料厂开发成功，之后又发展到吉林省、黑龙江省、内蒙古自治区等地。1970年4月，产品通过建材部的技术鉴定，为国内增添了低温工程用绝热材料新品种。1978年，产品获国家科学大会奖。大连耐火材料厂工程师唐启山的著作《膨胀珠岩》于1974年公开出版，这是国内第一部关于珍珠岩的著作。

1967年6月，石油工业部、北京市科委委托北京市窦店砖瓦厂和北京市建筑材料科学研究所共同研制膨胀珍珠岩粉料。同年年底在该厂建成一台自行设计、制造和安装的新型悬浮焙烧竖炉。截至1968年，经过108次试验，试制出超轻质、高性能的隔热保温产品——膨胀珍珠岩粉料，这是我国第一个采用悬浮焙烧竖炉生产膨胀珍珠岩粉料的企业，填补了膨胀珍珠岩隔热保温材料生产的空白。

1969年，北京窦店砖瓦厂建成一条2万m^3的膨胀珍珠岩粉料及制品生产线，当年产量为$5715m^3$，1970年后产量逐年增加，至1978年达11.1万m^3。1979年经技术改造，焙烧炉炉径由500mm扩大到600mm，将圆管下料口改为4个扁口扇形下料器，提高了焙烧能力和原料膨胀系数，当年产量达15.09万m^3，每台炉班产量比1978年提高52.2%，夺得全国同炉型单炉产量、质量、效率、单耗、成本等五项冠军。该厂生产的"百花山"牌膨胀珍珠岩粉料，于1982年被评为北京市优质产品，1984年获国家银质奖。

1971年，上海轻质建筑材料厂新建一条膨胀珍珠岩生产线，接着又试制成功了水泥珍珠岩制品。

1973年，为了规范和指导生产企业和应用市场，根据国家建委建材产品标准化规划，由河南省建委主持，于1973年11月在郑州召开了全国膨胀珍珠岩座谈会。

1974年，上海轻质建筑材料厂对膨胀珍珠岩生产线进行技术改造，年产量由$1000m^3$提高到$7000m^3$，最高年产量达到1万m^3，到1982年建成年产8万m^3的机械化生产流水线。

1977年，建材部批准膨胀珍珠岩产品标准实施。

3. 有机类绝热隔声材料工业的兴起

（1）聚氨酯泡沫塑料

1958年，大连染料厂开始研究甲苯二异氰酸酯，1962年建成年产500t的甲苯二异氰酸酯（TDI）生产装置。1959年，上海市轻工业研究所开始聚氨酯泡沫塑料的研究。同期，江苏省化工研究所也进行了聚氨酯树脂以及原料的试验研究，开创了以聚醚多元醇为基础合成聚氨酯软泡、弹性体、胶黏剂等系列产品，并建成几千吨级原料生产线，如常州有机化工厂的TDI及PAPI（多异氰酸酯）生产装置，南京塑料厂的聚醚多元醇及软泡连续生产线，以及苏州前进化工厂的含磷阻燃聚醚、聚氨酯橡胶硫化剂MOCA生产装置，常州向阳化工厂以甘油、蔗糖、甘露醇、工业胺等为起始剂的系列聚醚装置等。有机聚合物原料工业的发展为国内聚氨酯工业奠定了基础。

1958年，辽宁石油化工设计研究所试制成功癸二酸聚酯型硬质泡沫塑料。

1962—1965年，上海市合成树脂研究所、江苏省化工研究所相继进行聚酯型和聚醚型硬质泡沫聚氨酯的研究开发，并取得实验室成果。

1978年前，中国聚氨酯工业虽有一定规模的工业化生产，但在相当长一段时间内发展缓慢。当时生产企业只有10余家，设计生产能力1.1万~1.5万t，实际产量仅5000t左右，品种仅有30余种。

（2）聚苯乙烯泡沫塑料

中国于20世纪60年代中期开始聚苯乙烯泡沫塑料的工业化生产。

1965年，上海塑料制品七厂成功试制聚苯乙烯泡沫塑料，制品种类为板材和管材。

20世纪70年代末，广东省泡沫塑料制品厂生产PS泡沫板、套管和吸声板，南海市官窑包装材料厂生产包装防震材料、保温材料、天花板装饰材料；湛江外添加剂厂生产保温、隔热和包装材料，还有一批乡镇企业从事包装隔热制品的生产。

（3）其他有机绝热隔声材料

聚氯乙烯（PVC）泡沫塑料是以聚氯乙烯树脂为基料，加入发泡剂、稳定剂等辅助材料制成的泡沫塑料。按发泡方法分，可分为有机发泡法泡沫塑料和化学发泡法泡沫塑料；按其结构分，可分为开孔型泡沫塑料和闭孔型泡沫塑料；按柔韧性分，可分为有软质泡沫塑料、半硬质泡沫塑料和硬质泡沫塑料三种。

脲醛泡沫塑料是以尿素和甲醛经聚合反应而得到脲醛树脂，与发泡剂混合、发泡、固化，则可制成脲醛泡沫塑料，属于硬质泡沫塑料。

酚醛泡沫塑料属于硬质泡沫塑料，其生产方法是在液态的热固性酚醛树脂中加入异丙醚或低沸点氟碳化合物为发泡剂，以强酸为催化剂，利用反应热使气体挥发、膨胀发泡的方法制取。采用此方法制成的酚醛泡沫塑料的空隙属于开口型，所以吸水率较大。

国内酚醛树脂的产量增速很慢，1955年的产量尚不足2000t，截至1978年的23年间，产量增加不多，技术仍基本停留在原水平，远远落后于先进工业国家，一定程度上限制了它的发展。

4. 泡沫玻璃产业的起步

中国的泡沫玻璃开发是从工业保温和吸声工程起步的。

20世纪50年代，沈阳陶瓷厂先后为鞍钢工程和其他国家重点工程提供逾6000m^3的泡沫玻璃，满足了重点工程的需要。

1974年，沈阳陶瓷厂又为某地下工程研究试制了逾700m^3吸声用泡沫玻璃，为中国吸声材料填补了空白，1978年获全国科学大会奖。

上海建筑科学研究所、上海耀华玻璃厂和上海化工学院共同承担研制使用温度为－196℃的泡沫玻璃，经过数百次试验，试制成功符合要求的产品，满足了金山石化工程乙烯装置的需要。

1975年，沈阳陶瓷厂与大连轻工业学院研制出吸声型泡沫玻璃产品。不久建材研究院和旅顺玻璃厂共同研制开发出隧道式发泡窑和链带式退火窑的泡沫玻璃生产装备线，采用玻璃粉为原料，方解石和石墨两种为发泡剂，生产泡沫玻璃获得成功。

锦州珍珠岩厂等单位寻求利用珍珠岩粉代替废旧玻璃生产泡沫玻璃，经过试验获得成功，1976年6月通过鉴定。此后，沈阳玻璃研究院同法库县黏土矿合作，利用珍珠岩尾矿粉试制泡沫玻璃亦获得成功，不仅为替代废旧玻璃找到原料来源，而且使珍珠岩矿山废弃的大量尾矿粉得到合理利用，减少了环境污染。

1977年，国内开始小批量商品化生产并用于乙烯超低温设备的绝热工程。

泡沫玻璃工艺分为"两步法"和"一步法"，大多数厂家采用"两步法"工艺，也有采用"一步法"工艺的生产厂企业。

进入20世纪80年代中期，沈阳、上海等地已能生产泡沫玻璃。在浙江嘉兴地区逐步形成了中国泡沫玻璃生产制造基地。

5. 高温绝热隔声材料试制成功

高温绝热材料是指适用于600～1600℃的绝热材料，又称耐火轻质绝热材料，主要有硅酸铝纤维、复合硅酸铝纤维、高温硅酸钙制品等。

20世纪50年代末，建材研究院玻陶所开始研制高温绝热材料，到70年代才逐步形成生产能力。

70年代初，北京耐火材料厂、唐山市第十瓷厂和上海耐火材料厂建设的硅酸铝纤维生产线都是采用单项电弧炉熔料，手工制毡，能耗高、效率低，生产条件极差。

1974年，江苏省泰兴县过船砖瓦厂在上海硅酸铝耐火材料二厂的支持帮助下，投资20万元，建成年产100t的硅酸铝生产线，利用开放式单项电弧炉喷吹法生产，并开发生产硅酸铝纤维毡，规格为600mm×400mm，1975年投产，生产量为0.61t。1979年，泰兴县特种耐火材料厂成立，在洛阳耐火纤维研究所的协助下，又投资80万元，先后对原生产设备工艺进行改造，建成电阻炉连续生产线，吨耗电由5000kW·h降至3300kW·h，产量达500t。产品由湿法成型小块毡到油压成型多种规格的制品，由普通硅酸铝纤维制品到高铝纤维制品，年产量达146.1t，1982年获国家石油化工部科技成果奖二等奖。

1975年，江苏省海安耐火材料厂在建成矿棉的同时，还建设了一条年产400t的硅酸铝纤维生产线，采用国内最先进的三相电弧连熔连吹工艺法生产，品种有普通型和高铝型的原棉、毡、板和管，并开发了中高温型硅酸铝纤维黏结剂，该产品于1984年获江苏省优质产品称号。

20世纪70年代以来，冶金部洛阳耐火材料研究所对耐火纤维的品种工艺装备、产品性能及测试方法等也进行了系统研究。到1985年底，已先后完成耐高温硅酸纤维和多晶莫来石纤维制造工艺的研究，并制定了测试方法和硅酸铝纤维毡的国家标准。1985年设计制造了胶体法多晶氧化铝纤维车间，1986年通过冶金部部级鉴定。上述新品种的成功研发，使中国掌握了使用温度为1100～1600℃的耐火纤维系列产品的生产技术，缩小了与世界先进水平的差距。

1978年，南京玻璃纤维研究设计院设计了年产200t的干法制毡生产线，改单相电弧为三相电弧炉，使吨原棉电耗由3500kW·h

降至2500kW·h。同年，洛阳耐火材料研究所研究电阻炉熔料、湿法制毡工艺，建设了一条年产1600m^2的中试线电阻炉，于1983年研制成功，生产能力为年产500t原棉，吨原棉电耗2800kW·h，可连续工作十天至半个月，已达到国内先进水平，曾荣获冶金部科技成果奖二等奖。

进入20世纪80年代，我国耐火纤维行业发展很快。到1984年已发展到130多个厂家，总产量10000t左右。除三个年产千吨厂以外，其余都是年产150～300t的小厂。

6. 微孔硅酸钙及制品研制成功

硅酸钙于19世纪末期由美国公司首先开发用于管道和设备的隔热板材，并应用于工业和建筑保温。

我国的硅酸钙产品于20世纪70年代开始应用，由上海建筑科学研究所和上海电力建设公司合作，在上海电力保温材料厂进行试验，取得了实验室成果。随后其建成生产线，生产出国内第一代产品——浇注型微孔硅酸钙产品，1974年其产量达1500m^3，高温绝热材料新品种也同期开发成功，1978年上海建筑科学研究所又开展对超轻硅酸钙的研究，最高使用温度达1000℃。1982～1984年其在上海电力保温制品厂完成了扩大试验，1984年通过技术鉴定。

1979年，在上海召开的第一次微孔硅酸钙应用现场会上提出两个问题，一是采用浇注工艺影响了保温制品的强度、外形及其损耗；二是硅酸钙制品的吸水性强，用常规配方的抹面材料很难施工。这两个问题是1972年至1979年微孔硅酸钙制品发展徘徊不前的主要原因。

硅酸钙绝热材料的另一大优势是做溶解乙炔钢瓶中的填料，效果远好于原先使用的其他材料。

7. 矿棉装饰吸声板产业的起步

国外矿棉吸声板发展起步较早，世界上第一张矿棉吸声板是

20世纪50年代在美国研制成功的。60年代初，日本、西欧、苏联等国家也开始研制，70年代以来，矿棉吸声板进入了快速发展的阶段。美国一些传统的吊顶材料已被矿棉吸声板所代替，主要产品有标准隐蔽式天花板、耐火隐蔽板、标准外露天花板、耐火表面凸起外露天花板等，各类产品大部分采用湿法制造。日本的矿棉吸声板生产技术水平较高，制品生产线自动化、机械化程度很高，产品公差尺寸小，安装紧凑、外形美观，整体性和吸声效果好，已基本取代了易燃的木质吊顶板，年产量达2000万 m^2 以上。当时的苏联也是开展矿棉吸声板研究和生产较早的国家之一，由于对各种建筑物的声学环境制定了严格要求，因而促进了吸声板的发展，形成了系列化、多品种的趋势，年产量达1000万 m^2 以上。瑞典容格公司拥有年产量250万 m^2 的岩棉吸声板生产线，产品包括高密度硬质天花板、镶嵌板等，其表面有凸纹、浮雕、针孔等多种花纹。

我国的矿棉吸声板生产从20世纪70年代中期开始起步。1976年北京建材制品总厂（原北京市水泥砖瓦厂）在中国建筑科学研究院物理所和北京市建筑设计院协助下试制成功矿棉吸声板，并建成国内第一条以手工操作为主的生产线，设计年产能力为5万 m^2，当年实际生产1.2万 m^2，1978年增产至3.1万 m^2。1979年扩建后，年产能力达20万 m^2。该产品销往全国28个省、市、自治区。该厂从1983年起生产轻质美观的"T"型铝合金龙骨，与矿棉吸声板配套销售，为用户提供了便利。

8. 大型岩棉设备的引进计划和国内各地厂家建立岩矿棉生产线

从1960年到1975年，由于自然灾害等因素的影响，国内岩（矿）棉制品的发展缓慢。虽然也摸索了不少生产经验，但整体技术水平还相当落后，全国年产量始终在2万t左右。20世纪70年代

三、开始实施五年计划

中后期虽逐步研制开发了多辊离心生产工艺，并生产了一批酚醛树脂矿棉板，但无论是生产工艺、装备水平、还是产品质量，与国外差距甚大。原国家建材部果断决策，决定引进一条具有先进水平的大型岩棉制品生产线，高起点发展我国的岩（矿）产品。生产线拟建在北京新型建筑材料基地——北京新型建筑材料总厂。

为了组织好该项目的引进，建立了专班小组。1978年6~7月，由祁俊同志亲自带队，到瑞典、前西德、法国和日本进行了考察，最终确定从瑞典容格公司引进年产1.63万t的岩棉生产线，并很快得到国家计委和经贸部的批准，同时引进的还有前西德年产2000万m^2的石膏板生产线和年产1万t的轻钢生产线。

1978年11月上旬与瑞典容格公司开始合同谈判，12月签约。

1979年，哈尔滨岩棉厂建成16300t的岩棉生产线。

1980年，青海省监狱系统岩棉厂引进电炉生产线。

1981年，正式建成北京新型建筑材料总厂岩棉制品分厂。该厂作为一个大型岩棉骨干企业，此后一直推动着国内岩棉工业的发展。

1982年，齐齐哈尔市克东岩棉制品厂引进瑞典容格公司制管机。

1983年，南京岩棉制品厂引进瑞典容格公司制管机。

1984年，北京市铸石厂引进波兰年产16300t的岩棉生产线。

改革开放后，绝热隔声材料工业快速发展。有机类绝热材料包括聚苯乙烯泡沫塑料、聚乙烯泡沫塑料、酚醛泡沫、硬质聚氨酯泡沫塑料、柔性橡塑保温制品等，这些复合制品应用于冷库和冷藏设备，如临时性的冷藏设备、管道、运输工具等。

四、正式成立中国绝热节能材料协会

党的十一届三中全会以来,在改革开放方针的指引下,国民经济开始恢复并呈现全面发展的新局面,对各种建筑材料的极度需求,促进建材工业先行发展。1979年,党中央、国务院进一步加强了对建材工业的领导,在国家建材总局的基础上再次成立建筑材料工业部,并把建材工业列为先行部门之一,深化企业改革,调整产品结构,广泛开展技术引进和技术改造,提高企业管理水平,提高经济运行质量,开创了建材工业的新局面,迎来了建材工业发展史上的最佳时期。

20世纪80年代,也是中国绝热隔声材料的飞跃发展时期。

1987年

1.1987年2月28日,原国家建筑材料工业局批复关于同意成立保温材料、玻璃纤维、非金属矿及建材机械四个专业协会的文件1987年3月19日,在南京召开了"中国建筑材料工业协会保温材料协会"成立会议,同时创办了《保温材料与节能技术》这一内部刊物。2017年在协会成立三十周年之际创办了《中国绝热工业》杂志并发行至今。保温材料协会的成立,标志着绝热节能行业有了一个家,企业和政府之间有了沟通的桥梁和技术交流的平台,这对引导行业发展、规范行业企业产品生产起到了良好的作用。1992年3月,经原国家建材局批准,将"中国建材工业协会保温材料协会"更名为"中国绝热隔音材料协会"。2009年1月23日,经民政部批复:"中国绝热隔音材料协会"更名为"中国绝热节能材料协会"。

四、正式成立中国绝热节能材料协会

2. 1987年3月19日中国建材工业协会保温材料协会在南京召开成立大会，曲通馨任第一届理事会会长，王夫生、刘庆武、牟敦标（兼）、张宝庆、姜肇中、徐建雄、徐彬泉、常福清任副会长，毕道义任副秘书长。机构设置有秘书处、企业部、推广应用部、技术服务部、人才培训部和信息部。

3.《保温材料与节能技术》创刊。1987年3月，中国建材工业协会保温材料协会期刊《保温材料与节能技术》创刊，杂志编辑部设在南京玻璃纤维研究设计院。

4. 协会召开一届二次理事会。1987年8月15日，在吉林省通化市召开了"中国建材工业协会保温材料协会"第一届二次理事会，内容为布置协会工作，会议确定张德信为协会秘书长。

5. 协会组织召开保温材料产品开发和推广规划会议。1987年12月19日，在湖北武汉召开了保温材料产品开发和推广规划会议。曲通馨在会上指出："国家已用政府手段强制推行节能，推广优质保温材料"，毕道义副秘书长宣读了"保温材料产品开发规划""保温材料应用推广规划"文件。

1988年

协会于1988年相继开展岩棉、矿渣棉及其制品、泡沫石棉、硅酸钙绝热制品质量行业检查评比工作，并制定评比办法，发布了1988年度保温材料产品行检结果，矿渣棉及其制品评出原棉优等产品3种，良好产品4种，合格产品12种，不合格产品6种，岩棉、矿渣棉板优等产品4种，良好产品2种，合格产品4种，不合格产品9种，泡沫石棉良好产品4种，合格产品2种。

1989年

1. 协会召开一届三次理事会。1989年3月10日，在河南省洛阳市召开了"中国建材工业协会保温材料协会"第一届三次理事会，制定了会费收取办法，设计了会徽图案。

2. 协会召开岩矿棉企业提高产品质量经验交流会。1989年6月2日，在南京召开岩矿棉企业提高产品质量经验交流会，公布了1989年行检行评结果，部署了1989年行检行评工作。

3. 协会召开工业节能技术交流学术年会。1989年10月20日，在济南召开工业节能技术交流学术年会，来自87个单位的130名代表参加了会议，会议收到学术论文及技术报告70余篇。

4. 协会召开一届二次常务理事会。1989年10月25日，在山东济南市召开了一届二次常务理事会，讨论召开了第二届会员代表大会的有关事宜。

5. 协会召开全国硅酸钙产品质量经验交流会。1989年10月30日，在浙江杭州召开了全国硅酸钙产品质量经验交流会，60名企业代表出席会议，会议公布了1989年度的行检行评结果，推荐了协会第二届理事会理事。

1990年

1. 协会召开第二届会员代表大会。12月14日至18日，中国建材工业协会保温材料协会在山西省太原市召开了第二届会员代表大会。曲通馨任第二届理事会会长，马聿维、王夫生、卢杰、毕道义、杨秀泉、邵维娟、陈钟珂、尚建恩、张洪根、高咏、徐建雄、蔚俊任副会长，张德信任秘书长，牟国标任副秘书长，黄仕诚、崔跃为顾问，会议表彰了积极支持协会工作的单位和个人。

2. 协会召开华东保温节能会议。1990年11月12日，在无锡市召开华东保温节能会议，105个单位的156名代表参加了会议，会上收到论文32篇，评出优秀论文7篇，会议决定编写《绝热材料与绝热工程实用手册》。

四、正式成立中国绝热节能材料协会

1991 年

1. 协会召开二届二次常务理事会。1991 年 6 月 18 日，在扬州市召开了二届二次常务理事会，通过了成立《保温材料与节能技术》编委会的决议，曲通馨任主任，邵维娟任副主任，大会评选出 1990 年度优秀厂长。

2. 协会成立山东省建材工业协会保温材料专业委员会。1991 年 6 月 28 日，在威海市召开了山东省建材工业协会保温材料专业委员会成立大会，济南市第二建材厂厂长高咏任主任委员，吕金泉等 13 人为副主任委员。

3. 协会召开矿物棉制品在建筑中的应用研讨会。1991 年 7 月 24 日，协会与全国新型建筑材料情报网联合召开矿物棉制品在建筑中的应用研讨会。

4. 行业行评结果公布。1990 年协会评选出优等产品 16 种，其中矿物棉制品 8 种，硅酸钙制品 6 种，泡沫石棉 2 种；良好产品 24 种，其中矿物棉制品 11 种，硅酸钙制品 9 种，泡沫石棉 4 种；合格产品 17 种，全部为矿物棉制品。

5. 协会召开全国硅酸铝纤维生产应用技术经验交流会。1991 年 11 月 6 日至 9 日在山东省济南市召开了全国硅酸铝纤维生产应用技术经验交流会，240 余名代表出席了会议。会议宣读了 30 余篇学术论文和技术报告并建议修改、制定硅酸铝纤维制品技术标准纪要。

1992 年

1. 协会公布 1991 年保温材料产品行检行评结果。岩棉矿渣棉、原棉获良好产品企业 2 个，合格企业 1 个；岩棉矿渣棉板获优等产品企业 1 个，良好企业 5 个，合格产品企业 2 个；岩棉矿渣棉管壳获优等产品企业 3 个，良好产品企业 3 个，合格产品企业 6 个；C1

玻璃棉毡获优等产品企业1个，良好产品企业2个，合格产品企业1个；硅酸铝纤维毡获优等产品企业1个，合格产品企业1个；离心玻璃棉毡获优等产品企业2个；离心玻璃棉板获优等产品企业1个；硅酸钙绝热制品获优等产品企业8个，良好产品企业8个；泡沫石棉获优等产品企业5个，良好产品企业6个，合格产品企业4个。

2. 中国绝热隔音材料协会经批准正式成立。1992年3月，经国家建材局批准，中国建材工业协会保温材料协会正式更名为中国绝热隔音材料协会，在民政部领取了《中华人民共和国社团登记证》，证件号码：社证字第0981号，社团代码：50000953-8，法人代表：张德信。

3. 协会召开二届二次理事会。1992年5月26日至30日，在上海召开二届二次理事会，会议通过了中国绝热隔音材料协会章程、入会注册登记与会费缴纳办法及表彰行业优秀厂长评选方法；将原岩矿棉、玻璃棉、硅酸铝纤维、硅酸钙、泡沫石棉专业组改为专业委员会；筹备成立泡沫玻璃、泡沫塑料、保温涂料、吸声制品、膨胀蛭石专业委员会；选举朱崇武、崔之开为副会长，增补了部分理事、常务理事；评选出1991年度优秀厂长10名，通报表扬厂长2名。

4. 协会召开全国硅酸钙行业技术进步现场会。1992年6月2日至5日，在上海召开了全国硅酸钙行业技术进步现场会，来自全国12个省市26个单位的44名代表出席了会议，与会代表参观了上海电力建设保温制品厂引进日本的生产专用设备。

5. 协会召开协会玻璃棉专业委员会一届一次年会。1992年9月14日至16日，在浙江省德清县召开了玻璃棉专业委员会一届一次年会，来自34个单位的62名代表出席了本次会议。会议通过了玻璃棉专业委员会组成人员名单、专业委员会工作实施细则、团体工作条例、工作要点等,将《玻璃棉专业质量管理规范》和《玻璃棉企业化验室检验基本条件》两个文件报国家建材局生产管理司审核。

6. 协会召开泡沫石棉专业委员会会议。1992年12月8日至11日,在河南郑州召开了泡沫石棉专业委员会会议,会议通过了《泡沫石棉专业委员会团体会员工作要点》《泡沫石棉专业委员会工作实施细则》。会议选举产生了专业委员会主任、副主任委员,聘任了专业委员会秘书长。

1993年

1. 协会召开二届四次常务理事会。1993年3月3日至4月2日,在广东省珠海市召开二届四次常务理事会,会议同意暂停评比优秀厂长的工作,通过了"第三届会员代表大会名额分配和推荐理事意见"及协会财务管理办法、咨询服务办法、使用统一银钱收据和统一收费票据的规定,通过了玻璃棉专业委员会、硅酸钙专业委员会和泡沫棉专业委员会的主任委员和副主任委员的聘任,增补吴保国为协会副会长,并增补了部分常务理事。

2. 协会召开岩矿棉专业委员会第三次会议。1993年5月7日至9日,在浙江省余姚市召开岩矿棉专业委员会第三次会议,来自40个单位的57名代表出席会议,会议通过了将原岩矿棉专业组改名为岩矿棉专业委员会的决定,通过了《岩矿渣棉行业企业质量管理规程》,"不用热固性树脂作黏结剂生产的岩矿棉产品为不合格产品"以及"劣质产品(如湿法管壳等)禁止在市场流通"等决议。

3. 协会召开泡沫石棉专业委员会第四次会议。1993年5月24日至28日,在浙江省杭州市召开了泡沫石棉专业委员会第四次会议。来自26个单位的39名代表出席了会议,会议同意将泡沫石棉专业组改为泡沫石棉专业委员会,同意制订泡沫石棉产品行业最低价格。

4. 协会召开第二次全国硅酸铝纤维技术交流及专业委员会议。1993年11月14日至18日，在山东省济南市召开了第二次全国硅酸铝纤维技术交流及专业委员会议，来自41个单位的63名代表参加会议。会议宣读了24篇论文，听取了有关硅酸铝纤维生产、应用技术方面的学术报告。会议同意将硅酸铝纤维专业组更名为硅酸铝纤维专业委员会并审议通过了硅酸铝纤维专业委员会工作条例。

1994年

1. 协会召开信息和学术交流年会。1994年5月5日至10日，协会推广应用部、中国硅酸盐学会绝热材料学组、全国玻璃纤维专业情报信息网、江苏保温隔热材料专业委员会在无锡市联合召开了信息和学术交流年会。138名代表出席了此会议，会上提交了22篇论文和资料，评选出5篇优秀论文。

2. 中国绝热隔音材料协会轻型复合板专业委员会成立。1994年1月6日至9日，"两部两局"墙体材料革新建筑节能办公室与协会联合在北京召开了全国轻型复合板生产与应用经验交流会暨中国绝热隔音材料协会轻型复合板专业委员会成立大会。来自国家建材局、建设部、农业部、公安部消防总局、北京市城乡建设委员会、北京市消防局以及26个省市的墙改办公室、科研院所和生产工厂的131个单位的181名代表出席会议。会议推选产生了专业委员会委员11名，专业委员会主任为慕苏庆，副主任为冯保莼、金金标，秘书长为王填平。

3. 协会召开第三届会员代表大会。1994年9月19日至24日，在上海市召开了第三届会员代表大会，来自141个单位的225名代表出席了会议。会议选举产生了由77人组成的理事会，之后召开了三届一次理事会，有35人当选为常务理事。曲通馨任会长，王夫

四、正式成立中国绝热节能材料协会

生、崔之开、朱崇武、邵维娟、陈钟珂、尚建恩、吴保国、慕苏庆等8人当选为副会长，张德信任秘书长，牟敦标任副秘书长。会议表彰了第二届会员代表大会举办以来积极支持协会工作的先进单位15个，先进专业委员会4个，协会先进工作者16名。

4. 协会举办一届四次玻璃棉专业委员会。1994年9月19日至23日，一届四次玻璃棉专业委员会在上海举行。52名代表出席了会议，朱崇武任主任委员，会议中主要学习了国家标准《绝热用玻璃棉及其制品》。

1995年

1. 部分资源综合利用产品免征增值税。经国务院批准，如企业生产的建材产品的原材料中掺有不少于30%的煤矸石、石煤、粉煤灰、烧煤锅炉的炉化渣（不包括高炉水渣），则在1959年底前免征增值税。

2. 协会召开三届二次轻型复合板专业委员会会员大会。1995年4月，在无锡市召开三届二次会员大会，150多人参加了会议，会议交流了经验，通过了协会标准《钢丝网架水泥聚苯乙烯夹芯板》。

3. 1995年7月，无锡凯凯橡塑工业有限公司、上海交通大学共同开发成功橡塑保温材料产品。

4. 协会组织召开全国耐火纤维生产及应用技术交流会。1995年10月23日至26日，在江苏省泰兴市召开了全国耐火纤维生产及应用技术交流会，来自69个单位的127名代表出席了会议。会议交流了经验，对国家耐火纤维技术标准进行了讨论并提出修改意见。

5. 协会组织召开泡沫玻璃专业委员会会议。1995年5月28日，在桂林市召开泡沫玻璃专业委员会会议。来自8个单位的15名代表出席了会议，会上成立了协会泡沫玻璃专业委员会，单永江为主任，屈培元为副主任。

6. 协会组织召开三届一次岩矿棉专业委员会会员大会。1995年11月7日至9日，在山东省曲阜市召开三届一次岩矿棉专业委员会会员大会，来自42个单位的60余名代表出席了会议，会议还邀请到了国外专家做专题讲座。

7. 协会组织召开山东省保温材料专业会员大会。1995年11月下旬，山东省建材工业协会保温材料专业委员会在山东省济宁市召开了全省保温材料专业会员大会，大会交流了生产应用情况，播放了国内外复合墙板生产应用情况的录像。

1996年

1. 轻型复合板生产设备定点生产单位及机型公布。1996年1月，轻型复合板专业委员会公布了轻型复合板生产设备定点生产单位及机型，其中生产钢丝网架夹芯板生产设备的企业7个，金属面夹芯板复合板设备生产企业4个，金属压型钢板设备生产企业1个，可发性聚苯乙烯板设备生产企业1个，多用墙机成型机企业1个，轻型复合板专用钢企业1个。

2. 行业标准《钢丝网架水泥聚苯乙烯夹芯板》颁布实施。行业标准《钢丝网架水泥聚苯乙烯夹芯板》（JC/T 623—1996）从1996年7月1日开始实施。

3. 三届二次理事会、三次常务理事会召开。1996年4月16日至18日，三届二次理事会、三次常务理事会在北京举行，共51人（理事46人）出席会议。会议同意了部分理事单位变更，增补张德信为副会长。由于条件不具备，暂停证明商标的申请工作并制订了绝热隔音材料行业20强企业评选标准程序。

4. 增值税优惠政策继续执行。经国务院批准，自1996年1月1日起，《关于对部门资源综合利用产品免征增值税的通知》（财税字

四、正式成立中国绝热节能材料协会

〔1995〕44号）这一文件规定的增值税优惠政策继续执行，免征增值税的建材产品包括以其他废渣为原料生产的建材产品。

5. 协会举办钢丝网架夹芯板施工技术培训班。1996年7月22日至26日，协会技术咨询部和轻型复合板专业委员会在北京举办了首届钢丝网架夹芯板施工技术培训班。来自全国17个省、市、自治区的33个企事业单位的近50名代表参加培训。培训班的学习将对推广和应用钢丝网架夹芯板起到积极作用。

6. 玻璃棉专业委员会召开了二届二次会议。1996年6月11日至13日，玻璃棉专业委员会在广东省从化市召开了二届二次会议，51名代表出席了会议。会议代表对江阴联华化工建材公司自行设计、制造、安装的第一条国产化LH-200t离心玻璃棉生产线考察，表示出浓厚兴趣。会议通过了1992—1995年全国玻璃棉行业20家"信得过企业"和22名"优秀企业家"单位，表彰了17名专业委员会先进工作者和12名专业委员会积极分子。

7. 三届一次泡沫石棉专业委员会会议召开。1996年10月19日至21日，泡沫石棉专业委员会会议在南京举行，20余名代表出席会议。会议交流了生产、管理方面的经验，代表们了解了本行业的发展动态。

8. 岩矿棉专业委员会三届二次会员代表大会召开。1996年10月25日至28日，岩矿棉专业委员会三届二次会员代表大会在重庆市举行。30余名代表出席会议，会议代表通过学习了解了国家建筑节能方面的政策法规，对如何推动岩矿棉产品在建筑业的应用有了明确的目标，做好了迎接岩矿棉产品进入新型建筑材料第二次腾飞的思想准备和技术准备。

9. 一届三次轻型复合板专业委员会会议召开。1996年11月8日至11日，一届三次轻型复合板专业委员会会议在浙江绍兴市召开。60个单位的120余名代表出席会议。会议公布了14个轻型复合板生产设备定点单位及机型,通过了行业标准《金属面聚苯乙烯夹芯板》讨论稿。

10. 公布绝热隔音材料与轻型复合板企业1995年度利税、销售收入前18名。在《保温材料与节能技术》杂志1996年第6期,公布了绝热隔音材料与轻型复合板企业1995年度利税、销售收入前18名。

11. 协会会长曲通馨同志病逝。中国绝热隔音材料协会会长、《保温材料与节能技术》杂志编委会主任曲通馨同志因病医治无效,不幸于1996年11月20日10时在北京逝世。

1997年

1. 三届四次常务理事会召开。1997年4月21日至24日,三届四次常务理事会在安徽省芜湖市召开,会议变更了部分理事,推荐北新建材集团(岩棉厂)、上海平板玻璃厂为"行业学邯钢"先进单位。

2. 欧洲考察。1997年9月,协会组织有关岩矿棉、硅酸铝纤维生产企业赴欧洲考察了绝热吸声材料的生产应用情况。

3. 协会公布1996年绝热隔音材料生产企业20名排行榜。在《保温材料与节能技术》1997年第4期上公布了1996年绝热隔音材料轻型复合板生产企业销售收入排名榜,销售收入18名排序表、实现利税20名排序表。

4. 第三次玻璃棉专业委员会会议召开。1997年10月14日至18日,玻璃棉专业委员会在福建武夷山召开会议,来自54个单位的76名代表出席会议。会议通过了玻璃棉专业委员会工作条例,表彰了1993—1997年度先进企业和个人。

5. 硅酸铝纤维专业委员会会议召开。1997年11月4日至7日,硅酸铝纤维专业委员会在河南洛阳市召开了三届四次会员大会。共

四、正式成立中国绝热节能材料协会

有 44 个单位的 56 名代表出席会议，会议学习了国家标准《绝热用硅酸铝棉及其制品》。

6. 轻型复合板专业委员会会议召开。1997 年 12 月 15 日至 18 日，轻型复合板专业委员会在上海召开第四次会员大会，出席会议的 66 个单位 88 名代表，初步审议通过了行业标准《金属面聚苯乙烯夹芯板》。

1998 年

1. 全国首届玻璃棉企业家联谊会成功举办。1998 年 3 月 13 日至 18 日，在宁波市溪口镇召开全国首届玻璃棉企业家联谊会，34 名代表出席会议。对产品市场价格进行了讨论，使 1998 年成为"巩固增效年"。

2. 《绝热材料与绝热工程实用手册》正式发行。由中国绝热隔音材料协会组织编写、中国建材工业出版社出版的《绝热材料与绝热工程实用手册》正式发行。该手册是协会组织业内专家编写的一部权威性材料与施工手册，具有很强的实用性。

3. 玻璃棉专业委员会会议召开。1998 年 8 月 16 日至 20 日，玻璃棉专业委员会在无锡市召开了年会暨三届三次委员会。会议讨论了生产、市场存在的问题。郐荀主任因工作调离提出辞去玻璃棉专业委员会主任职务，由包三红继任玻璃棉专业委员会主任。

4. 国家标准《硅酸盐复合绝热涂料》发布。国家标准《硅酸盐复合绝热涂料》（GB/T 17371—1998）于 1998 年 5 月 8 日发布，1998 年 12 月 1 日实施。

1999 年

1. 协会公布了 1998 年销售收入超千万、企业利税收入超百万企业名单。1999 年第 3 期《保温材料与节能技术》上公布了 1998 年销售收入超千万企业的上海平板玻璃厂等 20 家单位，年利税收入超百万元的宜兴市凯凯橡塑保温材料厂等18家单位。

2. 轻型复合板专业委员会年会召开。1999年5月，轻型复合板专业委员会召开了会员大会，颁布了行业标准《金属面聚苯乙烯夹芯板》。

3. 1999年，颁布国家标准橡塑保温材料产品。

4. 1999年，河北神州保温建材集团有限公司成功开发橡塑保温材料产品。

5. 岩矿棉部分生产企业会议召开。1999年10月19日至21日，在北京召开了全国岩矿棉部分骨干生产厂和科研院所会议。会议要求政府加快淘汰小土岩矿棉生产厂，并制定了6条界定原则。

6. 硅酸铝纤维专业委员会召开。1999年11月1日至5日，在北京召开了第五届全国硅酸铝耐火纤维生产、应用技术交流会，来自42个单位的63名代表出席会议。

7. 泡沫石棉和保温涂料两个专业委员联合会议召开。1999年12月，在北京召开了泡沫石棉和保温涂料两个专业委员联合会议，宣贯了国家标准《硅酸盐复合绝热涂料》。

2000年

1. 协会1999年推荐产品公布。在2000年第4期《保温材料与节能技术》杂志上公布了协会1999年推荐的13家企业的产品。

2. 行业标准《金属面硬质聚氨酯夹芯板》《金属面岩棉 矿渣棉夹芯板》颁布。由协会组织制订的《金属面硬质聚氨酯夹芯板》（JC/T 868—2000）、《金属面岩棉 矿渣棉夹芯板》（JC/T 869—2000）行业标准2000年9月13日颁布，2001年1月1日实施。

2001年

1. 泡沫石棉、保温涂料专业委员会年会召开。2001年10月上旬，泡沫石棉专业委员会、保温涂料专业委员会在北京召开年会。

四、正式成立中国绝热节能材料协会

会议介绍了未来几年北京市基础设施建设和重点工程建设情况、绿色奥运对建筑材料的要求、奥运场馆总体布局、建材新技术及新产品在北京奥运中的应用及前景；会上还讨论了行业标准《复合硅酸盐绝热制品》（讨论稿）；行业专家介绍了泡沫石棉、硅酸盐涂料的发展应用状况，企业也交流了生产、销售情况。

2. 玻璃棉专业委员会与岩（矿）棉专业委员会年会召开。2001年10月25日至26日，玻璃棉专业委员会与岩（矿）棉专业委员会在四川成都召开了联合会议，40余名代表参加了会议。会议统计得出当时全国玻璃棉生产能力在10万t左右，销售量7万t，岩（矿）棉生产能力50万t左右，销售量30万t等数据。

3. 硅酸铝纤维专业委员会年会召开。12月11日至13日在杭州召开了硅酸铝纤维专业委员会年会，会上介绍了国际劳工局制订的《安全使用玻璃纤维隔热棉、岩棉和渣棉实用规程》，与会代表听取了有关专家对"加入WTO对我国硅酸铝纤维工业发展影响"和"国内外硅酸铝纤维工业发展趋势"的专题报告。会议认为，总体而言行业发展是健康的，但是在市场中仍然流通着一些低质产品，一些企业进行无序竞争，中国已经加入了WTO，面对的将是一个巨大的国际市场，企业要树立品牌意识、质量意识，将产品做精，同时大力开发高附加值的深加工产品。

2002年

1. 第四届会员代表大会召开。5月31日至6月2日在北京召开了第四届会员代表大会，选举了以李谊民为会长，华若中、刘燕、沈天鹤、邵志明、杨靖昌、张德信、周仕强、郑彦增、赵泉国、鹿成滨、高凯良、慕苏庆为副会长，胡小媛为秘书长，李振伟、严煜、崔国安为副秘书长的第四届理事会。第四届理事会由108家理事单位、35家常务理事单位组成。第四届理事会的常设机构为秘书

处、国际部、行业部、信息部、专家委员会。分支机构及负责人为：岩矿棉专业委员会，郑彦增任主任（兼）；玻璃棉专业委员会，杨靖昌任主任（兼）；硅酸铝纤维专业委员会，鹿成滨任主任（兼）；轻型复合板专业委员会，慕苏庆任主任；硬质绝热材料联合专业委员会（硅酸钙、泡沫玻璃、膨胀蛭石、膨胀珍珠岩），沈天鹤任主任（兼）；硅酸盐复合材料专业委员会（泡沫石棉、保温涂料），梁经法任主任；泡沫塑料专业委员会，华若中任主任（兼），专家委员会主任为王文义，委员有王文义、冯保纯、刘振华、李振伟、陈仲珂、郑其俊、胡俊民、倪文、唐启山、崔之开、谢如荣、何鸿碧、华泽锌。第四届会员代表大会还对玻璃棉专业委员会、硅酸铝专业委员会轻型复合板专业委员会以及先进会员单位和先进个人进行了表彰。

2. 专著《绝热材料的前景与施工》出版。由中国绝热隔音材料协会组织有关专家编写，中国建材工业出版社出版的《绝热材料的前景与施工》是一部总结行业技术现状、预测发展趋势的专著，书中对近年来我国绝热隔音材料行业所取得的成果进行了比较系统、全面的总结。

3. 四届一次会长办公会召开。2002年11月，协会在无锡市召开了会长工作会议。会议总结了2002年的工作，提出了2003年的工作目标和计划，工作重点是一刊（会刊）、一网（网站）、一会（展览会）、一本书（行业指南）。

4. 协会帮助中小企业开拓国际市场，举办扩大产品出口培训班。2002年11月，协会聘请了大学专业教师和国外公司的专家讲课，秘书处向企业介绍了如何申请"中小企业国际市场开拓资金项目"及项目的运作规则。绝热材料生产厂的有关主管领导、财务人员及从事外贸业务的有关人员参加了培训。

5. 协会完成"矿物棉产业现状及产业结构调整的调查与建议"项目。2002年末，完成中小企业开拓国际市场基金项目"矿物棉产业现状及产业结构调整的调查与建议"。该项目分三大部分，分别为我国和世界矿物棉产业的发展概况、我国矿物棉产业的整体评价、对我国矿物棉产业的建议。项目提出建立健全出口机制、健全矿物棉产品的标准体系、打破行业界限，建立以国家标准判定产品质量的规则，跟踪和开发矿物棉产业最新科技，鼓励矿物棉生产和应用技术的出口，把握北京申奥成功和国家西部大开发战略决策的机遇以及政府部门政策上的支持等建议。

2003年

1. 四届二次理事会召开。2003年4月8日至10日，在贵州省贵阳市召开了四届二次理事会。会议总结了协会2002年的工作，制定了2003年工作计划，分析了绝热隔音材料行业2002年经济运行情况与2003年形势并提出建议，评选出了2002年绝热隔音材料行业十大新闻人物。因上海平板玻璃厂原厂长杨靖昌调离工作，由副厂长孙林海任协会副会长和玻璃棉专业委员会主任。

2. 协会评选出"2002年绝热隔音材料行业十大新闻人物"。2002年绝热隔音材料行业十大新闻人物是马壮、赵泉国、严煜、李振伟、刘学锋、鹿成滨、华若中、陈肇永、孙助海、侯树亭。他们分别为行业内的利税大户、技术出口大户、产品出口大户，在行业技术进步、技术创新、技术转让方面有突出贡献，在开拓市场、推动市场方面有突出贡献。

3. 协会组织编写《中国绝热隔音材料行业指南》。协会秘书处编制了《中国绝热隔音材料行业指南》，内容主要包括行业政策、行业发展规划、各服务机构、管理机构、相关协会、检测机构、产品生产企业情况等，该书已赠送给会员单位阅读使用。

4. 钢丝网架水泥聚苯乙烯夹芯板安全生产问题研讨会召开。2003年8月27日，在四川省都江堰市，协会与公安部四川消防科学研究所联合召开了钢丝网架水泥聚苯乙烯夹芯板安全生产问题研讨会。会议得出"用按照行业产品标准生产出来的钢丝网架水泥聚苯乙烯夹芯板制成的建筑构件，经检测能够达到国标《建筑材料燃烧性能分级方法》（GB 8624—1997）所规定的不燃类材料中A级复合（夹芯）材料的要求，耐火极限亦能够达到1小时以上"的结论；提出"应进行火灾中构件芯材聚苯乙烯对火灾的贡献率评估，包括烟密度、烟的毒性、烟气组成、火灾的蔓延速度"；提出"应进行高层民用建筑模拟火灾试验，以取得第一手数据"；建议在《高层民用建筑设计防火规范》附录A中将钢丝网架水泥聚苯乙烯夹芯板暂列为"难燃材料"，并加入"如与列举不符，以试验报告为准"的内容。

5. 《绝热隔音材料轻质建筑板材新产品新技术论文集》出版。2003年12月，《绝热隔音材料轻质建筑板材新产品新技术论文集》一书出版。全书共收录了代表行业水平的专业文章60余篇，约54万字。其中多篇为协会向行业内知名专家特约的文章，涉及基础理论、宏观管理、施工实践、检测方法等各方面内容，对绝热隔音材料行业所取得的成果进行了比较系统、全面的总结，全面反映了我国绝热隔音材料行业整体概况。

6. 中国绝热隔音材料协会网站建立。协会在2003年投入资金建立的中国绝热隔音材料协会官网投入运行。

7. 协会举办2003绝热隔音材料、轻质建筑板材行业新产品、新技术国际研讨会暨绝热隔音材料协会各专业委员会年会。2003年11月10日至12日，在上海召开绝热隔音材料、轻质建筑板材行业新产品、新技术国际研讨会暨绝热隔音材料协会各专业委员会年会。

四、正式成立中国绝热节能材料协会

8. 协会举办 2003 上海保温材料国际展览会。2003 年 11 月 12 日，由协会主办的 2003 上海保温材料国际展览会在上海世贸商城开幕，150 多家企业参展，参展产品品种多达上千种，基本涵盖了所有的绝热隔音材料。

9. 中小企业开拓国际市场基金项目"绝热隔音材料行业技术设备出口调查"完成。2003 年 12 月，协会完成中小企业开拓国际市场基金项目"绝热隔音材料行业技术设备出口调查"。该项目分析了我国绝热隔音材料设备制造能力、水平及国外市场对技术设备的需求，提出了技术设备出口的建议。

2004 年

1. 会长秘书长联席工作会议召开。2004 年初，在浙江精工建设集团有限公司召开会长秘书长办公会，会议总结了绝热隔音材料行业 2003 年经济运行情况和协会 2003 年的工作，提出了 2004 年的工作构想。会议认为，2003 年绝热材料行业的发展是快速、健康的，是成长较为迅速的一年，行业整体状况良好。经过多年的积累，民营企业具备了较强的市场竞争力和自我发展能力，行业的投资主体由公有经济逐步扩大到多元经济，融资渠道也体现了多向性。但是，行业的投资速度将有可能超前于市场需求的增长速度，市场的产品竞争、价格竞争、规模效益的竞争，以及企业管理水平、质量意识的竞争将更加激烈。由于能源供应紧张，部分地区限电及能源涨价，将进一步影响企业的生产成本，造成企业经济效益下滑。有些产品标准已经到了修订期，某些性能指标已不能满足市场对产品的需求，不利于行业的进一步发展和提高。2004 年绝热隔音材料行业应进一步提高经济运行质量，提高投资水平，节能降耗，走可持续发展的道路。

2. 协会举办第二届国际绝热隔音材料（北京）展览会。2004

年6月，在北京举办了第二届国际绝热隔音材料（北京）展览会。

3. 协会召开中国绝热隔音材料协会第四届三次常务理事会、理事扩大会。2004年11月，协会在宁波召开中国绝热隔音材料协会第四届三次常务理事会、理事扩大会，会议总结了2004年的工作。绝热隔音材料行业在行业同仁的共同努力下，克服了能源、运输、原材料涨价等不利因素，行业整体的经济运行情况良好，但2005年的行业经济运行情况依然存在诸多不确定因素，煤电油运的矛盾不会在短期内得以解决，成本、价格的困扰也将长期存在。会议改选了部分理事单位和理事人选。

4. 绝热隔音材料、轻型建筑板材新产品、新技术研讨会，专业委员会年会召开。2004年11月14日，协会在宁波召开绝热隔音材料、轻型建筑板材新产品、新技术研讨会，以及2004年绝热隔音材料协会专业委员会年会。会议邀请了政府部门、奥运经济行动领导小组、国外厂商、使用单位等代表出席了会议，会议向与会代表介绍了与行业相关的政策、法规、市场信息，各专业委员会分别进行了各自的会议，研讨了经济形势，提出了问题和建议。此次会议增补无锡明江保温材料有限公司周明刚为协会副会长，同时增补了1家企业理事单位、1家常务理事单位，免除了9家理事单位和4家常务理事单位的任职资格。

2005年

着手制定第十一个五年发展计划

1. 第四届四次理事会召开。2005年3月27日至29日，协会在昆明召开了第四届四次理事会和会长工作会议。会议共通过了四个议案，分别是《关于推荐中国绝热隔音材料行业名优产品工作方案》的议案，《关于开展表彰协会工作先进集体、先进工作者活动》的议案，《关于编制绝热隔音材料"十一五"规划》的议案，《关于

四、正式成立中国绝热节能材料协会

成立泡沫塑料专业委员会酚醛专业组》的提案。会议通过上海新型建材矿棉厂仪建华任副会长,免去赵泉国副会长职务的决议。

2. 泡沫塑料专业委员会酚醛专业组成立。2005年5月,泡沫塑料专业委员会酚醛专业组在青岛市召开成立大会。会议选举滕州市华海新型保温材料有限公司为组长单位,公司总经理孙助海出任专业组组长,专业组还推选了副组长单位。会议研究通过了酚醛专业组工作细则、管理细则和行业公约,安排了行业标准《铝箔面硬质酚醛泡沫夹芯板》的制订计划,举行了技术讲座,分析研究了酚醛泡沫行业发展前景和应对举措。

3. 《建筑用金属面绝热夹芯板》标准起草工作会议召开。2005年6月11日,在北京市中国建材大厦召开申报国家标准《建筑用金属面绝热夹芯板》的会议,共有15家相关生产经营企业、18名企业主要负责人参加了大会。与会人员对国标编制的有关问题进行了研讨。

4. 协会秘书长与北美绝热材料协会秘书长举行工作会晤。2005年7月,协会秘书长胡小媛与北美绝热材料制造者协会秘书长在华盛顿举行了会晤,参观了北美绝热材料制造者协会的工作地,相互交换了协会资料,沟通了彼此的工作情况和行业情况,并约定在2006年初,北美绝热材料制造者协会秘书长将和欧洲绝热材料制造者协会秘书长同时来华访问,共商进一步的合作。

5. 协会组织召开2005年中国绝热隔音材料、轻质建筑板材新产品、新技术研讨会暨绝热隔音材料协会各专业委员会年会。2005年10月,协会在山东省泰安市召开2005年中国绝热隔音材料、轻质建筑板材新产品、新技术研讨会暨绝热隔音材料协会各专业委员会年会。2005年绝热隔音材料行业的总体发展是正常的,产销量与上一年同期相比呈上升态势,但由于成本、价格等因素的影响,利润率有所下降。会后会议代表参观了山东鲁阳股份有限公司。

6.《绝热隔音材料轻质建筑板材新产品新技术论文集》一书出版。协会组织编写了《绝热隔音材料轻质建筑板材新产品新技术论文集》，论文集收录了行业内最新的技术性文章，对掌握行业动态、了解技术走向有着指导意义。

7. 协会举办 2005 第三届国际绝热隔音材料（上海）展览会。2005 年 12 月，由协会主办的 2005 上海保温材料国际展览会在上海光大国际会展中心开幕。

2006 年

1. 制订中国绝热隔音材料协会名牌战略暨"十一五"名牌发展规划。"十一五"规划期间，我国绝热隔音材料行业实现了快速稳定的发展，据统计，截止到 2005 年底，完成各种产品量 245 万～250 万 t，实现销售收入 329.7 亿元，实现利润 16 亿元，是当时发展最快，经营业绩最好的时期。所以要选择一批重点企业，扶优推强，辐射带动全局，力争打造一批具有国际水平的企业名牌和产品名牌，逐步使我国成为绝热隔音材料的制造大国与制造强国。协会制订了"十一五"名牌发展规划，选择了一批绝热用硅酸铝纤维及制品、建筑用玻璃棉及制品、矿棉装饰吸声板、金属面夹芯板等在建设节约型社会，在节能、节水、节地、节材中起着重要作用，符合资源综合利用、循环经济与可持续发展的节能产品作为重点培育目标。

2. 行业标准《复合硅酸盐绝热制品》发布。2006 年 1 月 17 日，由协会组织牵头制订的行业标准《复合硅酸盐绝热制品》（JC/T 990—2006）发布实施。

3. 2006 年协会会长工作会议召开。2006 年 1 月 17 日，在北新建材集团有限公司举行了会长工作会议，总结了 2005 年中国绝热隔音材料协会的工作情况并提出 2006 年的协会工作计划。

四、正式成立中国绝热节能材料协会

4. 协会组织召开第四届五次理事会。2006年3月23日，协会在湖南省召开了第四届五次理事会。会议通过了《抓住机遇、拓展市场、开创绝热隔音材料行业新局面》《绝热隔音材料行业2005年经济运行情况分析与2006年行业预测》《中国绝热隔音材料协会名牌战略工作总结暨"十一五"名牌发展规划》《绝热隔音材料"十一五"发展规划》的报告。因北新集团建材股份有限公司人事调整，免去陶勇协会副会长职务，由公司技术总监朱元斌同志任副会长，同时兼任岩矿棉专业委员会主任，增补滕州市华海集团公司孙助海总经理为协会副会长。会议还通过了四家理事单位及理事因转停产而终止理事资格的提案。

5. 协会参加中日建材对话。2006年4月，协会协助中国建材工业协会组织了中日建材行业互访，参加了在东京举办的中日建材企业交流研讨会，给企业创造了了解国外先进理念和管理模式的机会。

6. 协会组织考察日本岩矿棉、玻璃棉协会与企业。2006年5月，协会代表团对日本进行了访问，在日期间，代表团先后与日本旭硝子株式会社、日本岩矿棉协会、日东纺绩株式会社、JFE公司就岩矿棉、玻璃棉行业的现状与未来、生产技术及装备、产品标准、市场应用等问题进行了广泛、深入的交流，并考察了日东纺的千页工厂、JFE的冈山工厂，参观了七条岩矿棉生产线，互相赠送了产品说明书和产品样品，并就今后行业协会间的交流、企业间的生产技术及装备的合作达成初步意向，访问取得了预期的成功。

7. 泡沫塑料专业委员会酚醛专业组年会召开。2006年5月，泡沫塑料专业委员会酚醛专业组在福建厦门召开了年会。专业委员会作了工作报告，介绍并讨论了行业标准《铝箔面硬质酚醛泡沫夹芯板》，同时进行了技术交流。

8. 行业标准《复合硅酸盐绝热制品》宣贯会召开。2006年5

月，为了在行业内宣传标准，提高标准执行率，硅酸盐复合材料专业委员会在青岛市召开了行业标准《复合硅酸盐绝热制品》（JC/T 990—2006）宣贯会，对来自复合硅酸盐绝热制品生产企业、原材料供应商、国家质量检测机构等单位的人员进行了标准的培训，并就标准执行中的有关问题进行了答疑，受到了行业的欢迎。

9. 协会组织召开建筑构造专项图集《钢丝网架水泥聚苯乙烯夹芯板》与行业标准《外墙外保温系统用钢丝网架模塑聚苯乙烯板》初稿研讨会。

10. 协会组织开展钢丝网架水泥聚苯乙烯夹芯板建筑承重体系火灾试验。协会与建设部建筑节能中心共同组织开展钢丝网架水泥聚苯乙烯夹芯板建筑承重体系火灾试验，试验于2006年9月在山东省龙口市的山东龙新建材股份有限公司进行。钢丝网架水泥聚苯乙烯夹芯板建筑承重体系的防火性能是长期以来困扰该产品发展的大问题，这次试验取得了大量的试验数据，火灾试验后房屋承重体系完好，使大家进一步增强了对这个产品的信心。建设部建筑科学研究院建筑防火研究所还根据试验情况进行了论证，设立专门课题进行专项研究。

11. 2006年绝热隔音材料、轻质建筑板材新产品、新技术研讨会和各专业委员会年会召开。2006年12月4日，协会召开了绝热隔音材料、轻质建筑板材新产品、新技术研讨会。会议对2006年前三季度绝热隔音材料、轻质建筑板材行业经济运行状况进行了分析；邀请政府有关部门人员讲解了目前墙体保温、新农村建设、建筑节能等领域的政策；邀请消防及标准制订部门对新版国家标准《建筑材料及制品燃烧性能分级》（GB 8624—2006）及试验方法进行了讲解，并对外墙保温体系的防火问题进行研讨，观看了房屋承重体系燃烧试验的观摩录像；邀请业内专家对外墙外保温体系及外墙外保温体系相关材料工艺、生产技术进行了专题报告；参观了岩

四、正式成立中国绝热节能材料协会

棉、聚氨酯外墙外保温工程。

12. 2006版《绝热隔音材料轻质建筑板材新产品新技术论文集》出版。协会组织编写修订了《绝热隔音材料轻质建筑板材新产品新技术论文集》，论文集收录了行业内最新的技术性文章，对掌握行业动态、了解技术走向有指导意义。

13. 2006第四届中国（上海）国际绝热隔音（保温）材料工业展览会举办。协会主办的HSIM EXPO 2006—2006第四届中国（上海）国际绝热隔音（保温）材料工业展览会于2006年12月6日至12月8日在上海光大会展中心隆重举办，来自世界各地的绝热隔音行业领军企业及专业观众热情参与展会。为期三天的展会吸引到了来自世界各地的21650多名观众到场参观，共同领略绝热隔音技术的最新发展成果。本次展会的一大亮点是同期举办的绝热隔音材料年会及近20场研讨会。

14. 《中国绝热隔音材料行业"十一五"发展规划》发布。2006年12月，由协会与中国建材规划院共同编制的《中国绝热隔音材料行业"十一五"发展规划》，在广泛听取业内专家学者及企、事业单位的意见后，举行了发布会。这是绝热隔音材料行业制订的第一个五年计划，对行业发展具有重要的指导意义。

2007年

1. 2007年7月1—3日，中国绝热隔音材料协会在北京召开了第五次会员代表大会。会议选举李谊民为会长，选举王兵等16人为副会长，胡小媛为秘书长（法人代表）。会议同期召开了协会成立20周年庆典大会。

2. 2007年12月5—7日，协会举办了上海国际保温材料与节能技术展览会。

3. 2007年11月，李谊民会长带领中国绝热隔音材料协会赴美国、加拿大进行了访问、考察。

4.2007—2008年，中国绝热节能材料协会参与了第一次全国污染源普查工作中隔热和隔音材料制造业污染源产排污系数核算工作。

2008年

1.2008年6月26日，经民政部批准，轻质复合板专业委员会更名为轻质建筑板材专业委员会。

2.2008年5月15—16日，在长沙市召开了中国绝热隔音材料协会酚醛泡沫塑料专业委员会会议。

3.2008年7月2—4日，协会在河北省大城县召开了2008年度中国绝热隔音材料协会玻璃棉专业委员会年会暨市场研讨会。

4.2008年10月，石棉和人造矿物纤维健康危害与安全使用国际研讨会召开。

5.2008年12月2—4日，协会举办HSIM EXP2008—2008第六届中国（上海）国际保温材料与节能技术展览会。2008年12月11—12日，在海口市召开中国绝热隔音材料协会年会。

2009年

中央电视台电视文化中心大楼火灾与上海市教师公寓起火事件后，公安部消防局发布了65号文件，引起社会的广泛关注与讨论。

1.2009年1月23日，经民政部批复，中国绝热隔音材料协会更名为中国绝热节能材料协会。

2.2009年6月23日，中国绝热节能材料协会荣获首批3A级社会组织称号。

3.2009年11月15—17日，在杭州市召开中国绝热节能材料协会年会暨五届三次理事会，中国绝热节能材料协会开始使用新会标。

四、正式成立中国绝热节能材料协会

4.2009年11月20日,协会主办2009第七届上海国际保温材料与节能技术展览会。

2010年

1.2010年1月18日,在山东圣泉化工股份有限公司召开成立建筑用酚醛泡沫产业技术创新战略联盟大会。

2.2010年3月16日,在北京召开建筑用矿物棉产业技术创新战略联盟成立大会。

3.2010年4月13—15日,在扬州市召开了中国绝热节能材料协会五届四次理事会,会议起草编制了《中国绝热节能材料行业"十二五"发展规划》,提出"探讨研究用于灾区重建乡村节能住宅"项目课题。

4.2010年6月20日,中国终端能效项目(00035738)"探讨研究用于灾区重建乡村节能住宅"完成并报国家发展改革委和住房城乡建设部。

5.2010年11月28—30日,协会主办2010第八届上海国际保温材料与节能技术展览会。

6.2010年12月8日,在南宁市召开中国绝热节能材料协会年会暨绝热节能新材料、新技术论坛,本次论坛在无锡市明江保温材料有限公司建立了院士工作站。

2011年

开始制定第十二个五年发展计划

1.2011年7月5日,在北京市召开制定两个行业标准《建筑用金属面酚醛泡沫夹芯板》和《外墙外保温用硬质酚醛泡沫绝热制品》的工作会。

2.2011年7月22日,在北京召开行业标准《膨胀蛭石防火板》工作会暨讨论行业标准《膨胀蛭石防火板》(初稿)行业标准颁布会。

3.2011年9月7日,意大利Gamma Meccanica公司总经理Giovanni Burini一行5人访问了协会。2011年9月8日,日本岩矿棉考察团访问协会。

4.2011年协会在深圳召开会议,河北神州保温建材集团有限公司高铁强董事长出席会议。

5.2011年12月13—14日,在南京市召开了2011年中国绝热节能材料协会年会。河北神州保温建材集团有限公司董事长高铁强出席会议。

6.2011年11月23—25日,协会主办2011第九届上海国际保温材料与节能技术展览会。

2012年

1.2012年3月10日,工业和信息化部发布《岩棉行业准入条件》。

2.2012年5月8—10日,在江西省九江市召开中国绝热节能材料协会第五届六次理事会,发布《中国绝热节能材料行业"十二五"规划》。

3.2012年5月12日,山东泰石保温材料有限公司年产10万吨岩棉一期项目顺利实现开机并成功投产。

4.2012年12月8—10日,在北京召开第五届会员代表大会,会议选举王兵为会长,王英顺等18人为副会长,李青为秘书长(法人代表)。

在第五届会员代表大会上决定授予中国绝热节能材料终身成就奖,获奖人员名单:张德信、王文义、冯宝纯、谢茹荣、崔之开、崔国安、郑其俊、何振声、毕道义、刘咸达。

在第五届会员代表大会上宣布专家委员会委员及顾问名单。组长王文义,成员有孙诗兵、陈尚、路国忠、李青海、陈晓农、程

四、正式成立中国绝热节能材料协会

珏、田英良、钱美丽、朱未愚、赵彤、倪文、包宇清、蒋伟忠、白召军，顾问：张德信、冯宝纯、崔之开。

5.2012年9月26—28日，协会主办2012第十届上海国际保温材料及节能技术展览会。

2013年

1.2013年3月，按照中国建筑材料联合会工作部署，协会制定并完成了"三定"工作各项规章管理度24项。

2.2013年5月15日，在河南省新乡市召开了中国绝热节能材料协会第六届第二次理事会。

3.2013年10月，出版第一期《中国绝热节能材料行业商务通鉴》完成。

4.2013年11月18日，在上海召开中国绝热节能材料协会年会暨第六届三次理事会。

5.2013年11月20—22日，协会主办2013第十一届上海国际保温材料与节能技术展览会。

2014年

1.2014年2月17日，在北京市召开中国绝热节能材料行业发展讨论会。

2.2014年5月8日，在江西省南昌市召开中国绝热节能材料协会六届四次理事、常务理事会议，会上发布了中国绝热节能材料行业"节能减排"倡议书。

3.2014年10月，在苏州市召开中国绝热节能材料协会六届理事会第一次会长办公会。

4.2014年11月，协会取得了商务部信用工作办公室和国务院国有资产监督管理委员会行业协会共同开展的行业信用评价工作的"企业信用评价工作资质"。

5.2014年11月25日,在昆明市召开中国绝热节能材料协会第六届五次理事会。

6.2014年12月,协会参加民政部对社团组织的评估工作,再次取得3A证书。

7.2014年12月4—6日,协会主办2014第十二届中国(上海)国际保温材料与节能技术展览会。

2015年

1.2015年3月,中国绝热节能材料协会与北京轻工业生产力促进中心等单位共同制定国家标准《矿物棉工业大气污染物排放标准》。

2.2015年5月7日,在西安市召开中国绝热节能材料协会第六届第六次理事、常务理事扩大会议暨绝热节能材料行业发展研讨会。

3.2015年9月16日,在北京市组织召开《中国绝热节能材料行业"十三五"规划》编制会。

4.2015年9月19—20日,协会与南京航空航天大学共同主办了IVIS2015第十二届国际真空绝热材料会议。

5.2015年10月,第二期《中国绝热节能材料行业商务通鉴》完成。

6.2015年11月2—4日,在上海市召开2015年年会暨绝热节能材料行业发展论坛。

7.2015年11月4—6日,协会主办"2015第十三届上海国际保温材料与节能技术展览会"。

2016年

1.2016年6月20日,协会在北京市召开2016年第一次会长办公会,会议审议并通过了"届中调整协会有关负责人"议案。

四、正式成立中国绝热节能材料协会

2.2016年7月28—29日，在山东省烟台市召开中国绝热节能材料协会六届八次理事会，韩继先任中国绝热节能材料协会常务副会长兼秘书长（法人代表），李青、胡小媛任副会长。

3.2016年9月24日，协会取得团体标准发布资质。团体代号由CIEEMA六个大写英文字母构成。示例：T/CIEEMA××××—20××。

4.2016年11月13—15日，协会主办"2016第十四届中国（上海）国际保温、防水材料与节能技术展览会"。

5.2016年12月11日，在苏州市召开中国绝热节能材料协会2016年年会暨行业创新与发展大会。

6.2016年12月11日下午，中国绝热节能材料协会会长单位北新集团建材股份有限公司荣获"第四届中国工业大奖"。

7.2016年12月，协会参加民政部对社团组织的评估工作，再次取得3A证书。同年，协会发布《中国绝热节能材料行业"十三五"发展规划》，颁发获得2016年度首批"企业信用等级评价A级"以上的12家企业荣誉证书并向获得"绿色建材评价标识"的6家企业颁发证书。

2017年

1.2017年2月23日，在北京市召开中国绝热节能材料协会2017年第一次会长办公会。会议讨论了《矿物棉工业大气污染物排放标准》并决定创立新会刊《中国绝热工业》。

2.2017年3月7日，在北京召开制定《矿物棉工业大气污染物排放标准》研讨会，协会参与环保部大气司关于重污染天气应急预案修订工作的课题研究。

3.2017年5月22日，协会与中国建筑材料工业规划研究院签署战略合作协议。

4.2017年6月4—6日，在成都市召开中国绝热节能材料协会六届十次常务理事（扩大）会议暨行业创新大会。特约嘉宾有国务院参事、国家建材局原副局长蒋明麟，环保部大气环境管理司王凤主任，四川省经信委冶金建材处赵德本处长，中国建筑材料工业规划院研究院孔安副院长，中国轻工业清洁生产中心孙晓峰主任，北京工业大学田英良教授，当代置业（中国）有限公司执行董事、首席技术官陈音，广州特种承压设备检测研究院学科首席专家杨麟，中国建材检验认证集团股份有限公司（CTC）总经理助理刘海波，中建材行业生产力促进中心有限公司王新捷部长等，中国绝热节能材料协会王兵会长、常务副会长兼秘书长韩继先、顾问张德信、副会长等人出席。

5.2017年6月5日，会刊《中国绝热工业》完成。第一期顾问：孙向远、马振珠、李谊民、张德信、陈志刚、孟宪江、赵谦、徐洛屹、曾令荣、虞建华，编委会主任：王兵，副主任：韩继先，委员若干人。

6.2017年7月25日，在北京市召开中国绝热节能材料协会气凝胶材料分会筹备会议。

7.2017年9月14日，在北京市召开中国绝热节能材料协会2017年第二次会长办公会议。会议审议通过了提名"中国绝热节能材料协会第七届理事会领导成员的任职资格和拟议名单"和"中国绝热节能材料协会第七届会员代表大会暨协会成立三十周年座谈会"会议议程。会议拟定于11月初在北京召开。

8.2017年11月5日，在北京市召开中国绝热节能材料协会七次会员代表大会和协会成立三十周年座谈会。为进一步提高协会决策和服务水平，规划和制定行业发展方向，根据行业和协会工作需要，经协会2017年二次会长办公会审议通过，决定聘请李谊民、张德信、王文义、何振生、邹宁宇为中国绝热节能材料协会高级

四、正式成立中国绝热节能材料协会

顾问。

9. 评选出年度先进单位、优秀企业家、先进个人。

先进单位：北新集团建材股份有限公司、华美节能科技集团有限公司、山东鲁阳节能材料股份有限公司、浙江振申绝热科技股份有限公司、山东圣泉新材料股份有限公司（山东圣泉化工股份有限公司）、浙江阿斯克建材科技股份有限公司、北京金隅节能保温科技（大厂）有限公司、河北华能中天化工建材集团有限公司、浙江轩鸣新材料有限公司、山东龙新节能科技有限公司、甘肃沙井驿建材集团有限公司、河北神舟保温建材集团有限公司、贵州新型保温材料厂有限责任公司、河北国美新型建材有限公司、河北金舵岩棉制品有限公司、立邦投资有限公司、亚士创能科技（上海）股份有限公司、纳诺科技有限公司、广东埃力生高新科技有限公司。

优秀企业家：顾春生（成都瀚江新材料科技股份有限公司）、高铁中［华美节能科技集团有限公司（河北华美化工建材集团有限公司）］、杨虹［太尔化工（南京）有限公司］、鹿成斌（山东鲁阳节能材料股份有限公司）、陈希峰（义和诚集团有限公司）、邓刚［山东圣泉新材料股份有限公司（山东圣泉化工股份有限公司）］、左洪运（江苏佰家丽新材料科技股份有限公司）、裘益奇（浙江阿斯克建材科技股份有限公司）、张春华（浙江振申绝热科技股份有限公司）、李润年（河北华能中天化工建材集团有限公司）、周水林（纳诺科技有限公司）、汪丽婷（南京彤天岩棉有限公司）、高铁强（河北神舟保温建材集团有限公司）、叶章全（天津中辰自动化设备有限公司）、邢荣华（立邦投资有限公司）、李金钟［亚士创能科技（上海）股份有限公司］、周国富［陆宇皇金建材（河源）有限公司、深圳市陆宇投资有限公司］、何迪欢（浙江轩鸣新材料有限公司）、陈志刚（广东埃力生高新科技有限公司）。

先进个人：姜立松（山东龙新节能科技有限公司）、王刚（中国建筑材料工业规划研究院）、方铭（上海新型建材岩棉有限公司）、鹿俊华（山东鲁阳节能材料股份有限公司）、张壮（山东圣泉新材料股份有限公司、山东圣泉化工股份有限公司）、曹磊（常州英来机械有限公司）、孙建［北京金隅节能保温科技（大厂）有限公司］、杨彩荣（河北金舵岩棉制品有限公司）、高双林（河北格瑞玻璃棉制品有限公司）、周军（上海展业展览有限公司）、李国庆（甘肃沙井驿建材集团有限公司）、隋成富（青岛青力环保设备有限公司）、王小强（成都瀚江新材料科技股份有限公司）、刘海涛（大城县洪海保温材料有限公司）、谢春竹（天长市康美达新型绝热材料有限公司）、刘春（中材科技股份有限公司）、林志祥（福建天利高新材料有限公司）、高登峰（河北神舟保温建材集团有限公司）、王林（湖南邦弗特新材料技术有限公司）、蒋虎（浙江新瑞铭装饰材料有限公司）、王希明（立邦投资有限公司）、朱东征（山东北理华海联合复合材料有限公司）、陈华水（新疆华美伟业高新材料有限公司）、任志明（常州市卓赢机械有限公司）、周鹏举（威海博盛新材料有限公司）、李博雅（南京工业大学）、李振声（天津摩根坤德高新科技发展有限公司）、朱小飞（上海航天应用化学研究所）。

2018年

1.2018年12月19—21日，中国绝热节能材料协会在山东省济南市召开了2018年年会暨第七届二次理事会。会议总结了2018年年度工作，并对中国绝热节能材料行业经济运行情况进行分析，宣布了关于增补协会第七届理事会副会长、常务理事人员的议案，同时提出关于提名协会第七届理事会副秘书长人选的议案、关于成立协会标准工作委员会的议案，以及关于成立行业技术服务咨询中心的议案。

2.会上公布了行业、企业"产品质量领跑者"名单，这些企业

四、正式成立中国绝热节能材料协会

有：厦门固克涂料集团有限公司、富思特新材料科技发展股份有限公司、立邦涂料（中国）有限公司、亚士创能科技（上海）股份有限公司、纳诺科技有限公司、北京金隅节能保温科技（大厂）有限公司、甘肃鸿盛岩棉科技有限公司、廊坊富达新型建材有限公司、河北中振博盛新材料股份有限公司、山东鲁阳节能材料股份有限公司、山东古云阳光岩棉集团有限公司、泰石岩棉有限公司、浙江轩鸣新材料有限公司、北新集团建材股份有限公司、浙江振申绝热科技股份有限公司、成都赣江新材科技股份有限公司、华美节能科技集团玻璃棉制品有限公司、河北神舟保温建材集团有限公司、山东华赢新材料有限公司、山东龙新节能科技有限公司、山东圣泉新材料股份有限公司、滕州市华海新型保温材料有限公司。

2019 年

1. 2019 年 11 月 9—12 日，中国绝热节能材料协会在上海召开 2019 年年会暨第七届三次理事会，同时召开中国绝热节能材料协会第三届行业发展大会。

2. 会上做了关于编制《绝热材料行业绿色工厂评价要求》标准的情况说明，关于立项"新一代岩棉技术装备创新研发"工作方案说明，关于编撰《中国绝热工业大全》工作进展情况说明。

2020 年

1. 2020 年 8 月 26 日下午，中国绝热节能材料协会韩继先秘书长与大连铭源全建材有限公司宫世全总经理到合肥市绿色建筑与勘察设计协会调研、交流。

2. 10 月 27 日，由中国绝热节能材料协会主办的中国绝热节能材料协会 2020 年年会暨第四届行业发展大会在山西省太原市火热开幕。本次会议由山西沁新能源集团股份有限公司承办，交城义望铁合金有限责任公司、内蒙古普泽新材料科技有限公司、山西威世腾岩棉有限公司、常州市卓赢机械有限公司、瓦克化学（中国）有限公司、邯郸理想包装机械有限公司、江苏艾科赛特新材料有限公司协办。

3.10月28日下午，中国绝热节能材料协会七届四次理事会在山西省太原市召开，同期召开了协会七届七次常务理事会。

2021年

1.2021年6月9日，中国绝热节能材料协会在江苏省常州市召开第五届行业创新大会暨协会七届八次常务理事会和五次理事会，协会常务副会长兼秘书长韩继先主持会议。

2.2021年7月19日，工业和信息化部办公厅下发了《工业和信息化部办公厅关于印发2021年第二批行业标准制修订和外文版项目计划的通知》（工信厅科函〔2021〕159号），2021年第二批行业标准制修订和外文版项目计划中，由中国绝热节能材料协会、北京国建联信认证中心有限公司、华美节能科技集团有限公司负责起草的《取水定额 绝热材料》（计划号：2021-0550T-JC）行业标准获准制定，计划于2022年6月完成。

2022年

1.2022年8月9日，以"绝热宜业铸尚品，节能造福惠人居"为主题的第六届"绝热节能材料行业创新大会"暨第二届"九枣合作"建筑业低碳发展高层论坛在山东省枣庄市召开，协会常务副会长兼秘书长韩继先主持会议。

2.2022年8月10日下午，中国绝热节能材料协会在山东省枣庄市召开第六届"行业创新大会"暨七届二次会员代表大会、七次理事会。会议期间协会秘书处组织与会代表参观了中建材科创新技术研究院（山东）有限公司、中建材光芯科技有限公司、山东中岩建材科技有限公司、中国建材检验认证集团枣庄有限公司。

四、正式成立中国绝热节能材料协会

2023 年

1.2023 年 5 月 17 日，以"贯彻新发展理念，推动高质量发展"为主题的第七届"行业科技（创新）大会"暨七届九次理事会在西安市召开。协会常务副会长兼秘书长韩继先主持会议。

2.5 月 18 日上午，中国绝热节能材料协会秘书处组织参会代表走进陕西金隅节能保温科技有限公司参观电炉岩棉生产线并进行研讨交流活动。

3.12 月 7 日，以"贯彻新发展理念，推动高质量发展"为主题的中国绝热节能材料协会 2023 年年会暨第五届"行业发展大会"在山西省运城市召开，协会常务副会长兼秘书长韩继先主持会议。

2024 年

1.2024 年 4 月 2 日上午，协会组织召开了第七届十次会长办公会（视频）会议。协会名誉会长、副会长、秘书长、副秘书长、总工、各分支机构主要负责人等 50 多人参加线上会议。主会场设在协会秘书处，韩继先、张德信、刘亚丹、张同坤、符敬慧、王玉峰等秘书处工作人员参加线下会议，协会常务副会长兼秘书长韩继先主持会议。

2.6 月 18 日，以"先立创新，后破提质"为主题的第八届行业科技创新大会在河北省沧州市召开，协会常务副会长兼秘书长韩继先主持会议。

五、各类绝热隔声材料的发展概况

（一）岩棉产品的发展过程

1. 各地岩棉产品的发展

从 20 世纪 80 年代起，我国岩棉、矿渣棉工业发展迅速，在 80 年代中期引进了十余条岩矿棉生产线，分布在北京市、上海市、太原市、长沙市、吉林省、青海省、内蒙古自治区、东莞市、保定市、黑龙江省、湖北省等地，因市场原因未能形成生产。玻璃棉工业企业在北京市、上海市引进了离心玻璃棉生产线。1992 年前后在江苏省江阴市、四川省青白江地区开始消化翻版生产线，国内玻璃棉制品产量猛增，在浙江省德清县一带采用电弧法生产硅酸铝纤维的生产线达百条之多。1981 年首钢耐火材料厂引进美国年产 1000t 的电阻炉离心法生产线，我国成为矿物棉产品生产大国，产量居世界前列，基本拥有了国外同期生产的各种产品。有机类绝热材料以优异的绝热性能迅速打开销售市场。

到 2000 年底，全国从事岩棉产品生产、研发、设计、施工、流通的单位近 4000 家，从业人员 60 多万人，绝热隔声材料工业总产值 40 亿元，实现利润 5 亿元，完成各种绝热材料产品产量 95 万 t，钢丝网架水泥聚苯乙烯夹芯板 800 万 m^2，金属面绝热夹芯板 2000 万～2500 万 m^2，矿棉装饰吸声板 2500 万 m^2。中国绝热隔声材料工业进入全面蓬勃的发展时期。

五、各类绝热隔声材料的发展概况

1985年，北京新型建筑材料总厂引进生产线产量突破2万t大关，超过该生产线设计能力的23%，创世界同类设备生产的最高纪录。"龙牌"岩棉半硬板曾创国优并获得国家银质奖。

继北京这条生产线之后，瑞典容格集团又陆续与哈尔滨、齐齐哈尔、东莞、湖北江陵县、南京、兰州等地签订了新的合同。而后北京、上海、内蒙古、山西、吉林、湖南、青海、河北等地陆续引进波兰、日本、澳大利亚、意大利、美国等地的岩棉矿渣棉生产线17条，使岩矿棉的生产能力从1980年的不到2万t发展到1990年的44万t以上。其品种增加较快，由过去只能生产单一的棉毡，发展到可以生产保温板、保温带、不同贴面的缝毡、各种规格的保温管壳、粒状棉、吸声装饰天花板、岩棉空间吸声体等多种制品。可以说，国外的产品国内基本都能生产，这满足了各行业对岩棉矿渣棉及其制品的需求。

1985年6月，由中国新型建筑材料公司和哈尔滨市合资兴建的岩棉厂在哈尔滨新型建筑材料总厂破土动工，该厂引进了瑞典容格集团1.63万t岩棉制品生产线，开创了当年建厂当年一次试产成功的纪录。1988年8月，"环宇牌"岩棉系列产品荣获黑龙江省新产品证书，荣获黑龙江省科学技术成果进步奖。1990年产品年销量4500t以上，产品质量在全国150家岩棉厂中居第三，经济效益居第二。

20世纪80年代末，广东省东莞市南方新型建材有限公司与其他公司合资引进瑞典容格集团摆锤式岩棉生产线和技术，生产能力1.8万t，是80年代我国生产能力最大的岩棉厂，摆锤式工艺也是当时国内首条引进的生产工艺。

1990年，南京岩棉制品企业从瑞典引进一条新型制管生产线（PL81B），而后齐齐哈尔市克东岩棉厂及湖北荆门地区的岩棉企业引进了同样的制管生产线。该线突破了多数制管机传统的辊式制管、管坯送入连续固化炉固化的工艺思路,采用了网带式制管,并采用高压热空气自管芯向外强制鼓风的方式进行管坯固纯的新工艺。全线实际操作仅需 1~2 人,该生产线能自动统计成品数量并记录工作时间,代表了 20 世纪 80 年代岩棉制管的国际先进水平。

以岩棉作基质的栽培技术,首创于丹麦的格罗丹公司。1969 年成功研制出的农用岩棉,很快在全球推广,使岩棉栽培技术和营养液膜(NET)技术一样在无土栽培中成为受人瞩目的领先领域。目前,丹麦、荷兰、英国、日本、美国、西班牙等许多国家都有专门生产农用岩棉的厂家。其中丹麦的格罗丹公司占全球销售量的 60%,生产车间分布在丹麦、荷兰和美国,销售网络遍布全球。

在我国,农用岩棉于 20 世纪 80 年代中期发展起来。1987 年,江苏省农科院与南京玻纤院合作开展了对蔬菜、花卉岩棉栽培等配套技术的研究,开发了国内农用岩棉栽培技术,经过三年的努力,于 1990 年 5 月完成研究任务,并通过了技术鉴定。至 2000 年,国内先后使用岩棉栽培的大型生产单位 10 多个,分布在上海、北京、沈阳、江苏、武汉、无锡、浙江等地。

2016 年全国岩棉企业 100 多家,岩棉生产线 186 条,总产能 400 万 t,产量 230 万 t,2017 年前三季度,新建岩棉生产线 50 条,单线产能 2 万~3 万 t,国内岩棉企业主要集中在河北、江苏、山东三个省份,占比超过 50%。

2018 年 9 月全国岩棉企业有 150 多家,岩棉生产线近 300 条,年总产能近 650 万 t,产量 320 万 t,2018 年新建岩棉矿棉生产线 40 条以上。国内岩棉企业主要集中在河北、江苏、山东、安徽四个省份,占比超过 60%。河北地区产能超过 200 万 t,局部产能过剩。

2019 年全国新建岩棉生产线约 10 条,我国岩矿棉产能合计超过 750 万 t,岩矿棉生产线超过 320 条,产量约 280 万 t,价格水平处于低位,多数企业效益不是很理想。其中,产能超过 30 万 t 的省份达到9个，主要集中在华北及华东地区，山东、安徽、河南三省的产能增长较快，河北省占全国产能的28%，其产能下降幅度加大。

2020年新建岩棉生产线十几条，我国岩矿棉产能合计超过780万t，生产线超过400条。华东、华北地区由于产能较大，局部出现过剩，2020年产量与2019年相比有所增长。河北地区岩棉企业占全国产能的四分之一，由于企业管理、生产线工艺水平原因，多条生产线停止生产，其产能、产量下降幅度加大。

2021年行业形势整体好于2020年，行业新建生产线近30条，总产能达到900万t（含200万t热熔渣棉产能），年初生产线开工率超过80%，全年产量420万t，比2020年略有增长，上半年行业运行基本正常，下半年7～8月份焦炭价格飙升，9～10月份拉闸限电能源双控，大大增加了企业运行成本，严重影响了企业效益。11月之后，北方地区受重污染红色预警影响，河北、江苏地区受影响较大，造成间断停产，同时市场需求有所减弱。

2022年岩棉行业与2021年整体相比持平，1～9月份产量近320万t。行业新投产6条生产线，改建8～10条，多数是电炉工艺生产线。

2023年岩棉生产线446条，产能850万t。其中，立式熔制炉生产线422条，产能754万t；电熔制炉生产线24条，产能96万t；总产量400万t，同比减少7%。

2. 消化吸收打造国产化岩棉品牌

在酝酿引进岩棉生产线的同时，原国家建材总局就明确了将引进线作为消化吸收对象的指导思想，南京玻璃纤维研究设计院承接了此项任务。大型岩棉制品生产线引进后，中国新型建筑材料公司会同南京玻璃纤维研究设计院，对引进的技术与装备进行了消化吸收工作,大力进行国产化的"改代"工作,以提高国内岩棉工业的整体水平,促进岩棉工业的发展。消化吸收的全过程包括三个阶段的工作:第一阶段以取得技术软件工作为重点,第二阶段是抓住时机促成成果转化,第三阶段是抓好推广应用,在应用实践中获得技术的进一步提升和优化。

1986年在南京岩棉企业成功建成了与引进线同等规模的岩棉制品生产线,这是国内岩棉的骨干企业,1986年7月1日点火投产,装备国产化率达到75%以上,产品质量先后得到国外权威机构的认可。产品于1988年1月取得中国船检局的工厂认可证书,1988年9月获得联邦德国 SBG 机构的船用产品不燃证书,1989年获英国"劳氏船级社"认可。

南京玻璃纤维研究设计院在不断改进提高的基础上,于1988年建成了兰州岩棉制品厂。

20世纪80年代可以称得上是我国岩棉工业发展史上的繁荣年代。

南京玻璃纤维研究设计院又根据我国国情,自主研究和开发了年产3000~5000t的生产线,并在全国各地进行推广,这对岩棉行业的整体发展起到了有力的促进作用。1979年至1990年的十多年间,岩(矿)棉生产企业的数量由原来的10余家增加到130余家,其中建成和在建的大型岩棉保温板生产线17条,年产138万m^2的矿棉吸声板生产线1条。岩矿棉的生产产能从1980年的不到2万t发展到1990年的44万t以上,生产的品种也基本齐全,满足了各行业对岩矿棉保温材料的需求。

(二)玻璃棉及制品工业的异军突起

20世纪80年代后期,上海平板玻璃厂、北京市玻璃钢制品厂

五、各类绝热隔声材料的发展概况

相继从日本日东纺织株式会社引进年产4000t的离心喷吹法技术装备，建成离心玻璃棉生产线，分别于1987年9月和1989年1月投产，产品质量达到同类产品日本JIS标准。

据江苏省1986年调查统计，全省有玻璃棉生产企业16家，大都生产超细玻璃棉。1987年，全省玻璃棉产量1775t，玻璃棉制品产量632t，分别为1980年玻璃棉432t、玻璃棉制品133t的4.1倍和4.75倍。

在20世纪90年代初期的几年间，离心玻璃棉及制品需求旺盛，产品市场价格上涨了20%左右，利润颇丰，可谓一枝独秀。

1994年至1995年，各地区、各企业纷纷与外商洽谈，与国内科研设计单位联手，出现了第二轮离心玻璃棉引进、建线热潮，相继投产了5条生产线，新增生产能力4.2万t。至此，国内实际拥有的离心玻璃棉生产线年生产能力达到5.4万t。而1995年实际消耗量为2.5万t，供需比例为2.16:1，产大于销的矛盾开始显现。1995年以后，又有十多家企业上马离心玻璃棉生产线，至此，离心玻璃棉生产线从3条增加到18条，产能达到6万t。随后，澳大利亚西斯尔公司、美国OCF公司、法国圣戈班依索维尔在珠海、上海、广州、北京等地建立生产线。

经过多年的攻关，南京玻璃纤维研究设计院掌握了离心喷吹法玻璃棉生产技术，首条国产化4000t的电离心喷吹法玻璃棉生产线被青岛建华玻璃厂四机窑转产技改项目采用，并于1997年4月一次成功投产，至今运转正常。随后，南京、江阴、成都、大庆等地陆续建成年产2000t的生产线。引进线和国产线蜂拥而至，从此形成供过于求、中外企业同台竞争市场的局面。

1998年，离心玻璃棉设计生产能力为12.4万t，实际总产量为11.2万t左右。1997年产品供需比例约为2.72:1，销售价格由高峰时的2.5万~3万元/t，下跌到1997年的0.9万~1.0万元/t。

设备开工率的不足，市场供需比例失衡，大量产品积压，市场竞争激烈。

2018年1～9月，玻璃棉产量74万t，玻璃棉产能小幅增加，受限于环保压力以及国家宏观调控影响，原材料成本上升，玻璃棉企业的利润率水平小幅下滑。玻璃棉企业主要分布在河北、山东、四川等地区，其中河北大城及河间地区拥有全国50％以上的产能。行业内的大型生产企业受制于环保压力开始考虑产业转移并提前全国布局。

据不完全统计，2019年全国共有玻璃棉生产线近106条，产量近80万t，其中无甲醛玻璃棉1万t，企业数量约40家（北美产销量约220万t）。受限于玻璃棉市场产能过剩、市场不景气、环保压力、原材料和人工成本上升，玻璃棉企业的利润率水平出现进一步下滑，开工率进一步降低。河北大城地区仍然占有全国47％以上的产能，然而，受限于环保压力的影响，河北地区企业开始布局向省外市场如江西、四川等地转移，其中江西2019年新引入产能约12万t，跃居全国第二大玻璃棉生产基地，引起业内广泛关注，2019年全国玻璃棉产能主要分布在河北、江西、湖北、山东、四川等地区。

据不完全统计，2020年全国共有玻璃棉生产线近110条，1～9月产量近90万t，预计全年产量接近100万t，其中无甲醛玻璃棉1.5万t，企业数量约42家。2020年受新型冠状病毒感染疫情影响，大部分工厂开工普遍推迟1个月左右，同时由于玻璃棉市场产能过剩、环保压力、原材料和人工成本上升，企业的市场预期和信心受到较大影响，开工率进一步降低。

2021年全国共有玻璃棉生产线近107条，新增3条，全年产量90万t，其中无甲醛玻璃棉1.5万t，企业数量约37家。2021年受钢材涨价及新型冠状病毒感染疫情影响，大部分工厂开工率极低，为 50%左右。

2022 年全国共有玻璃棉生产线近 109 条，新投产两条生产线。企业数量约 30 家，贵州、湖北、江西等地部分企业生产线关闭。由于原材料、能源价格涨幅较大，房地产市场受限，上半年企业开工率较低，下半年需求有所提升，开工率提升较大，大企业能够满负荷生产，有些小企业在竞争中出局。

2023 年玻璃棉生产线 109 条，产能 116 万 t，产量 77 万 t，以天然气为能源的熔制窑炉占比最大。

（三）膨胀珍珠岩及其制品工业稳健发展

20 世纪 80 年代，膨胀珍珠岩被列为"六五"国家新技术推广的重点项目之一。

憎水珍珠岩炸药密度调节剂是珍珠岩制品应用推广的新方向。1980 年，由辽宁省锦州珍珠岩厂在国内最先研制成功，1981 年通过省级鉴定，并且进行了批量生产，填补了国内空白。该项目于 1982 年获辽宁省重大科技成果三等奖，1983 年获辽宁省优质产品奖，1984 年获国家银质奖。之后大连耐火材料厂于 1983 年也试制成功该产品，并建成一条年产 1000t 的生产线。1985 年，辽宁省憎水珍珠岩炸药密度调节剂产量达到 400 余吨，销往全国十几个省市，其产品性能达到美国杜邦公司同类产品水平。

20 世纪 70 年代末到 80 年代初，大连耐火材料厂的水玻璃珍珠岩制品和沈阳市硅酸盐制品厂的膨胀珍珠岩粉，曾分别出口日本和朝鲜。

1980 年 10 月，憎水膨胀珍珠岩制品，由大连耐火材料厂在国内首次生产。

1984 年，凌源县保温材料企业在中国建筑科学研究院物理所的协助下，成功研制膨胀珍珠岩吸声装饰复合板，该产品于1985年9月通过鉴定并批量投入生产。

1985年，高温耐火膨胀珍珠岩制品由大连耐火材料厂和大连水产学院渔港工程系首次在国内研制成功。

1985年，仅辽宁省就有膨胀珍珠岩及制品生产企业42家，年产量达到42.30万t，占全国总产量的24.2%。

1989年，国家制定了膨胀珍珠岩矿砂产品质量标准，国家标准《膨胀珍珠岩绝热制品》（GB/T 10303—89）颁布实施。

1998年，江苏省宜兴市和桥镇的得胜新型建材集团公司生产憎水珍珠岩板材20万m^2，珍珠岩装饰吸声板30万m^2，产值达1.5亿元左右；浙江省长兴县的上海建科院丰能制材有限公司，年产膨胀珍珠岩15万m^3，生产憎水珍珠岩板材8万m^2，产值5000万元左右，加上新型墙材、防水卷材产品，总产值近1亿元；浙江省长兴县长桥保温材料厂，年产膨胀珍珠岩13万m^3，各种制品3万m^3，也是珍珠岩行业的大型企业。

1998年9月，由中外合资企业河南华希矿产品有限公司投资400万美元建设的年产10万t矿砂生产线投产。膨胀珍珠岩生产厂购进矿砂后，不需要预热即可直接投料焙烧膨胀。

（四）有机类绝热隔声材料工业发展势头旺盛

我国泡沫塑料工业起步较晚，1978年改革开放以来，有机聚合物化学工业的快速发展，推动了有机聚合物泡沫塑料在绝热材料行业的应用，全国有机泡沫塑料企业上千家，但生产建筑用泡沫塑料的工厂相对较少，只百余家。

20世纪80年代中期到90年代，国内重点建立大吨位原料生产线和开发助剂新品种，力求使泡沫塑料制品与原料生产能力和助剂配套，同时品种也获得较快开发。"七五"期间，国内引进的四套大型原料生产装置陆续投产，使原料的生产能力大大增加。20世纪80年代以来引进的高压浇注发泡机、平顶块料软连发泡机、箱式块料软泡发泡机、低压浇注发泡机等发泡设备多达180台（套），这些设备和技术的引进，提高了国内泡沫塑料的生产工艺水平。有些生产工艺与装备已接近或达到国际先进水平，如硬泡生产采用现场浇注与喷涂、层压及模塑四种工艺。

常见的模塑聚苯乙烯泡沫塑料板（EPS板，又称模塑聚苯板）、挤塑聚苯乙烯泡沫塑料板（XPS板，又称挤塑聚苯板）和聚乙烯泡沫塑料（PE）为热塑性保温材料，而硬质聚氨酯泡沫塑料（PUR）、酚醛泡沫塑料（PF）和脲醛泡沫塑料（UF）则为热固性保温材料。国内生产的聚氨酯泡沫塑料中硬质泡沫占半数，约3万t，主要用在冷链系统，从1994年开始生产金属面夹芯板，应用在建筑领域。

1. 聚苯乙烯泡沫塑料板类

（1）模塑聚苯乙烯泡沫塑料（EPS）板

20世纪中期以来，国家积极倡导发展建筑节能材料，使得绝热用模塑聚苯乙烯泡沫塑料需求量不断增加，带动了聚苯乙烯泡沫塑料生产企业的快速发展。

"六五"期间共投产5万多吨，工业包装占4/5，其中70％～75％用于电视机、电冰箱等家用电器；交通运输约占10％，主要用于铁路客车和保温车，船舶也使用一部分；用于建筑领域的约占5％，主要用于建筑外墙内保温。

"七五"期间，EPS板生产仍以20％左右的速度增长，产量比"六五"增长1.4～2.0倍，在塑料制品总量中比例由0.5％上升至0.8％～1％。

"八五"期间，先后由上海高桥石油化工公司、南京金陵石化公司、苏州市振兴化工厂等企业从壳牌公司引进年产1万t的EPS生产技术，生产线建成投产。

1994年，EPS制品的消费量是10万t，到1997年已达30万t的规模，其中在建筑领域中的应用约占50%。生产企业主要集中在江浙、东北、北京、天津及河北等地，以中小企业居多。

2017年上半年国内EPS产量略有下降。据粗略测算，2017年上半年我国EPS累计产量在124.74万t，较去年同期的141.91万t，减少17.17万t，降幅12.10%左右。

2018年EPS市场价格起伏跌宕，5月份达到年内高点1.4万元左右，6月份快速下跌到1.2万元左右，10月份价格出现跳水，到年底价格约在1万元，行业利润随价格下降而快速下跌。

（2）挤塑聚苯乙烯泡沫塑料（XPS）板

国内XPS板泡沫行业起步较晚，1999年美国欧文斯科宁公司在南京投资建立了国内第一条生产线，投产后产品迅速打开市场，XPS逐步获得市场的广泛认可。此后，伴随着我国经济快速发展以及国家实施的建筑物节能改造工程的深入开展，XPS板得到迅速发展，市场需求增大，大量民营企业纷纷投入XPS板的生产，XPS板产量迅速增长，为实现国家建筑节能目标作出贡献。

外资企业以欧文斯科宁（南京）建筑材料有限公司、上海上福塑料制品有限公司和可耐福保温材料（中国）有限公司的规模较大，产品市场占有率高；中资企业中，南京法宁格节能科技有限公司、上海新兆塑业有限公司、北京北鹏新型建材有限公司、青岛欧克斯新型建材有限公司、南京天运塑业有限公司等规模较大，产品具有一定的市场占有率；而大量的XPS制品生产企业为小规模的私营企业，生产和经营的规模不大。

目前，国内XPS行业，已经能够自主研发成型装备，开发出了对回收塑料适应能力很强的成型装备并得到普遍应用，完全实现了

XPS 板生产设备的国产化。以南京法宁格节能科技有限公司、上海新兆塑业有限公司为代表的设备生产企业已经占据了国内 XPS 板生产设备近 80% 的市场份额。

(3) 硬质聚氨酯泡沫塑料（PUR）

聚氨酯（PU）是世界六大发展的合成材料之一，就应用广度而言，它已跃为各种合成材料的首位。聚氨酯泡沫塑料分为软质、半硬质和硬质三类。硬质聚氨酯泡沫塑料（PUR）板材作为一种新型优质隔热保温材料在建筑上得到越来越广泛的应用。

20 世纪 70 年代，聚氨酯泡沫塑料工业虽有进展，但发展缓慢。

进入 20 世纪 80 年代，国内改革开放促进了有机化学工业的快速发展，也迎来了聚氨酯泡沫塑料工业发展及聚氨酯泡沫塑料产能的高速增长阶段。到 20 世纪 80 年代中期，设计生产能力跃增到 18 万 t/a，90 年代初达 20 万 t/a 以上。但受原材料、市场需求等方面的影响，聚氨酯泡沫塑料的产量在 6 万 t/a 左右。1992 年以后，形势有所好转。

1984 年全国聚氨酯行业协作组成立。在有关部门、行业组织的领导支持关怀下，聚氨酯泡沫塑料工业持续、稳步、协调发展。

聚氨酯泡沫塑料产量增长情况如下：1984 年产量仅为 2 万 t/a，1985 年软泡产量为 3.15 万 t/a，硬泡为 0.89 万 t/a，合计 4.04 万 t/a，一些小企业未作统计。1988 年软泡产量 4.66 万 t/a，硬泡 4.48 万 t/a，合计 9.14 万 t/a。由此可见，其增长幅度是很大的。

20 世纪 90 年代初，我国进入新的国民经济持续高速发展时期，由于聚氨酯原料工业的发展，带动了聚氨酯泡沫设备机械的市场需求，其间国内使用的设备机械以进口为主，即主要进口德国 BASF 集团及意大利康隆公司等国外机械设备。"八五"期间，为了发展我国的聚氨酯设备工业，尽快结束国内聚氨酯工业关键设备长期依赖进口的局面，武汉轻工机械厂引进德国 BASF 集团的聚氨酯高压发泡机主机技术，并自主创新开发了各类成套生产设备技术，生产制造出各类聚氨酯泡沫塑料加工成套设备，从而结束了国内此类设备长期依靠进口的历史，由此聚氨酯行业从使用简单的箱式发泡设备迅速发展到采用自动化生产线生产各类软质泡沫、硬质泡沫、自结皮泡沫等制品的设备。

2014~2016年，我国年均外墙保温拉动聚氨酯硬泡需求量分别达31.46万t、37.66万t和38万t。特别是2012年底，公安部消防局对B1级保温材料禁令取消执行，聚氨酯保温材料工业复苏步伐明显加快。至2017年，全国开工的聚氨酯保温复合板材生产线已超过250条，达到历史最高水平。但随着新版建筑防火规范的实施，聚氨酯保温复合板的建筑应用量降幅很大。

（4）酚醛泡沫塑料（PF）保温材料

20世纪90年代以来，酚醛泡沫材料得到很大发展，英、美等国将其应用于航天航空、国防军工领域，后又被应用于民用飞机、船舶、车站、油井等防火要求严格的领域，并逐步推向医院、体育设施和住宅等公共与民用建筑领域。20世纪90年代初期，我国香港地区已从英国引进酚醛泡沫用于100多幢大厦中央空调系统风管的保温。

酚醛泡沫绝热材料的发展与应用在我国起步较晚，国内从20世纪90年代初开始研究酚醛泡沫技术，但早期生产的酚醛泡沫存在酸性大、脆性大、残存甲醛味大和闭孔率低等缺点，应用受到一定限制。经过多年努力，酚醛泡沫技术逐步提高，性能也逐渐得到改善。

1996年，上海平板玻璃厂从德国引进包括树脂合成、发泡成型一体化的高密度酚醛泡沫生产线，率先在国内实现了酚醛泡沫产业化生产，生产技术和产品质量达到20世纪90年代国际先进水平。

受去产能及供给侧结构性改革政策的影响，2017年高品质的酚醛保温板发展态势良好，大企业产量同比增幅超过20%，低质量的产品产量受到抑制。

2018年1~9月，节能保温领域酚醛泡沫产量约占酚醛树脂总量的20%，消费量超过20万t。我国酚醛树脂产量约100万t/a，共有生产企业近200家，主要集中在华东地区，产量较大的厂家集中在江苏、浙江、福建、上海四省市。

2019年，全年改性酚醛板销售65万 m^3 左右。

2020年，全年改性酚醛板销售45万 m^3 左右。

2021年，改性酚醛板销售90万 m^3 左右，终端销售价格与去年持平。

2022年，改性酚醛板销售40万 m^3 左右，较2021年大幅下降，终端销售价格与2021年持平，劣质产品依然存在，因房地产市场不景气，低价竞争严重。酚醛树脂产量在2022年约200万t/a，共有生产企业近200家，主要集中在华东地区，产量较大的厂家集中在山东、江苏、浙江、安徽四省。

2023年，改性酚醛板销售60万 m^3 左右，较2022年上升明显，其应用不光在建筑保温领域，在洁净保温板、隧道保温等领域均有较多应用。伴随着韩国和日本建筑节能要求的提高，国内出口韩国和日本的酚醛板数量迅猛增长。

（五）建筑外墙保温节能技术推广应用推动复合保温板材发展

20世纪70年代初，世界性的能源危机加快了各国开发新能源和节约能源的步伐。发达国家开始致力于研究和推行建筑节能技术，建筑业是耗能大户，而建筑能耗中外墙热损失又占据了相当的份额。因此，建筑节能的重点应是外墙与屋顶的节能技术。国内建筑物的保温性能在当时与发达国家相比要差得多,冬季取暖和夏季空调降温时能源很大浪费,建筑节能技术水平远远落后于发达国家。改革传统的墙体材料是降低建筑能耗的重点措施,开发新型保温节能建筑板材也成为绝热隔声材料工业的主题,绝热材料的应用逐渐向建筑保温方向发展。

1. 国内建筑节能发展历程

我国从20世纪80年代起,将建筑节能工作逐步纳入到日程。但与国外相比,建筑节能工作起步较晚,发展也比较缓慢。

我国的建筑节能发展历程可分为三个阶段。

第一阶段(1995年以前)是我国建筑节能的初步实施和试点示范阶段。

第二阶段(1995~2005年)是建筑节能积极推进阶段。在试点基础上,加快了建筑节能的推进步伐。1995年,建设部将试行标准修订为《民用建筑节能设计标准》(JGJ 26—1995)强制性标准,于1996年7月1日发布执行。将原标准的节能率30%提高到节能率50%,相关地区也制定了新的《民用建筑节能设计标准实施细则》。城市建筑节能减排的工作重点也转向综合考虑南方空调节能减排工作的全面节能过程,并推出了适用于北方地区的《既有采暖居住建筑节能改造技术规程》(JGJ 129—2000)《采暖居住建筑节能检验标准》(JGJ 132—2001)《夏热冬冷地区居住建筑节能设计标准》(JGJ 134—2001)和《夏热冬暖地区居住建筑节能设计标准》。(JGJ 75—2003)特别是20世纪90年代后期,试点示范的范围逐步扩大,贵州、浙江、湖北、东北三省、内蒙古、北京、上海等许多省、自治区、直辖市相继建起了一批节能小区。

第三阶段(2005年以后)是建筑节能全面推广阶段。

2. 国内建筑节能效果开始显现

截止到 1999 年底,北方地区累计建成节能建筑 1.3 亿 m^2,其中达到节能率 50%标准的节能建筑为 2215 万 m^2,累计可节约能源 675 万 t 标准煤。仅在 1998 年和 1999 年就建成节能建筑 2100 万 m^2 和 3484 万 m^2,但仍只占同期城市新建住宅的 5.28%和 7.29%。可见节能建筑的步伐虽然已加快,但节能建筑所占比例仍很小。

发展建筑围护绝热板材是建筑节能的一条重要途径,但我国绝热材料的拥有量只占世界总产量的百分之几,产品品种和性能也满足不了多种用途的需要。因此,在绝热材料和绝热工程技术领域,还有不少课题有待开发,还有不少空白有待填补。

3. 建筑节能极大地推动了保温材料复合板的发展

常用的建筑保温材料板材主要有以下几种。

(1) 聚氨酯泡沫复合夹芯板

聚氨酯泡沫复合夹芯板国外已有多年的应用历史。1986 年,天津天荣建筑板材有限公司从意大利 OMS 公司引进了年产 80 万 m^2 的彩色压型钢复合板生产线,之后上海、青岛、邯郸、武汉、广东等地十余家企业引进了国外的技术和装备,生产各种型号的夹芯板材。1998 年仅东北地区施工工程量达 100 万 m^2。

(2) 聚苯乙烯泡沫塑料板

国外聚苯乙烯泡沫塑料在建筑上的应用很普遍。随着建筑节能法规的贯彻实施,聚苯乙烯泡沫塑料保温板在建筑上的应用呈增长趋势。

1999 年至 2000 年底,无锡兴达泡塑新材料股份有限公司为满足市场不断增长的需求,投资 3100 万元,进行聚苯粒子生产线扩建,达到年生产能力 25 万 t,成为全国最大的生产企业。南京欧文斯科宁挤塑泡沫板有限公司投资 1.3 亿元,形成 10 万 m^3 的生产能力，建成当时国内唯一生产高品质挤塑泡沫保温隔热板的企业。

EPS板由原冶金工业部建筑研究总院率先引进、移植、改造发展后，已在国内建立了全部国产化的、能生产平面、曲面及多种面材的生产体系。应用在北京亚运会的十多个体育馆及工业、民用建筑中，面积达20万 m^2 以上，应用技术日臻成熟。1992年无锡新型建材有限公司引进澳大利亚的装备技术，建成了年产30万 m^2 的彩钢EPS隔热夹芯板生产线。上海晓宝轻质建材有限公司等企业也引进了这种复合板生产线。

（3）钢丝网架水泥轻质夹芯

钢丝网架水泥轻质夹芯是20世纪60年代发展起来的一种新型复合轻质夹芯板。为了促进钢丝网架水泥板的国产化，北京百思得新型建筑材料研究所等单位开发出国产技术与装备，该生产技术中保温芯材不仅可用泡沫塑料，还可用岩棉板。北京市建筑设计研究院和原冶金工业部建筑研究总院联合开发了钢丝网架水泥轻质夹芯板，并在北京及附近地区进行了推广应用，几年来，应用量已达20万 m^2。20世纪90年代以来，北京舒乐舍板有限公司引进了"舒乐舍板"生产技术，几年间仅北京地区此类板生产厂家就有7~8家。

（4）纤维增强聚苯乙烯保温复合板

纤维增强聚苯乙烯外保温复合墙体是原冶金工业部建筑研究总院与北京市建筑设计研究院共同开发的一项新型建筑墙体保温技术。自1986年以来，这项技术已先后应用在天坛医院、北京国都大饭店、威海卫大厦、汉口薄板厂轻体结构、天津市无缝钢管厂PU-2厂房等工程，应用面积超过10万 m^2。

（5）彩色钢板岩棉夹芯复合板

彩色钢板岩棉夹芯复合板在国外发展也较晚，Partex公司从1984年开始对市场进行研究，1985年搞产品开发，1986~1987年试生产并试销，1990年建成生产线，产量为21万 m^2。此后，该产

五、各类绝热隔声材料的发展概况

品开发普及并进入正常销售,开始出口。1987 年北新建材集团有限公司下属全资子公司——北京万事达科技开发公司,利用本厂生产的龙牌岩棉,研制开发出钢板岩棉夹芯板。1995 年,又自行设计制造一条年产 50 万 m^2 的自动化复合板生产线,基本结束了国内进口夹芯板的历史。

泡沫塑料在世界范围内处于稳步增长阶段。20 世纪 90 年代后,我国由于建筑保温用量增长,泡沫塑料产销呈增长态势,有机泡沫保温材料的发展已经初具规模。《民用建筑节能设计标准》(JGJ 26—1995)颁布后,由于节能标准的提高,原有的无机保温材料满足不了节能要求,这就给有机保温材料带来了机遇。

(六)吸声、隔声材料产业快速发展

国内矿棉吸声板的研制、生产和应用起步较晚。20 世纪 80 年代前,国内矿棉吸声板生产能力很弱,只有一条间歇式模压成型生产线。此后,有些地方企业也开始生产类似产品,但生产工艺落后、产品质量差、产量低。直到 1983 年,国内矿棉吸声板总产量仅在 20 万 m^2 左右徘徊。

1985 年,北京市建材制品总厂乘第 11 届亚运会在北京举办的契机,从日本日东纺织株式会社引进一条年产 138 万 m^2 的湿法矿棉吸声板生产线,这是国内第一条高级湿法矿棉吸声板生产线,总投资额 2642.1 万元。于 1985 年 8 月开始建设,1987 年 9 月 26 日验收交付生产。当年生产 21.2 万 m^2,至 1990 年产量达 92.5 万 m^2,吊顶材料为主打产品,命名为"星牌"产品。1988 年 9 月,该厂矿棉吸声板产品采用国际标准正式通过验收,该项目获 1988 年北京市工业技术改造项目三等奖。

1987 年,中国新型建筑材料公司与广州市新型建筑材料厂合资，从日本日东纺绩株式会社引进一条 118 万 m^2 的半干法吸声板生产线。1988 年 5 月开始动工，1989 年 3 月开始进行设备安装，1990 年 9 月以后开始投料试生产，在此基础上进行考核，基本达到初步设计的合同保证值，同年 6 月份，广州市新型建筑材料厂更名为广州矿棉吸声板厂。

南京玻璃纤维研究院在消化吸收引进线的基础上，经过多年的研究试验，自主设计、开发出湿法吸声板技术成套设备。1987 年在山东省淄博市建成年产 50 万 m^2 的湿法矿棉板生产线并通过部级技术鉴定。

1988 年，亚运工程场馆进入了全面建设阶段。"星牌"建材为亚运会工程建设作出了巨大的贡献。

1991 年，北京市建材制品总厂又研制出用经过特殊处理的新闻纸代替石棉作为添加剂，生产的无石棉矿棉吸声板，为打入国际市场、出口创汇创造了有利条件，产品远销扎伊尔、突尼斯、韩国等国家。

20 世纪 90 年代出现了矿棉吸声板生产的建设高潮。苏州天丰新型建材有限公司自行设计、安装的拥有自主知识产权的年产 2000 万 m^2 的矿棉装饰吸声板生产线，不到一年时间在苏州建成投产。

1994 年，北京建材制品总厂自行设计、改造的原有生产线，使矿棉吸声板生产能力从引进时的 138 万 m^2/a，提高到 230 万 m^2/a。新建了一条 70 万 m^2/a 的生产线，使该厂生产能力达到 300 万 m^2/a。

1996 年，美国阿姆斯壮公司与上海建筑材料（集团）总公司合资在上海市青浦县建成一条年产 1000 万 m^2 的矿棉吸声板生产线。

1997 年 8 月 1 日，建材行业标准《矿渣棉装饰吸声板》（JC 670—1997）开始实施。

1999 年，北京市建材制品总厂为了调整产品结构、降低生产成本、扩大生产规模，对原 100 万 m^2/a 的国产矿棉吸声板生产线进行了大规模的技术改造，引进世界上最先进的自控设备和技术，结合美国、日本等多家生产线的优点，自行设计建成一条年产 600 万 m^2 的全自动矿棉吸声板生产线。此时该厂生产能力可达到 1100 万 m^2，与之前相比有了巨大变化，该厂生产的"星牌"装饰吸声板率先通过 ISO 9002 质量体系认证，自 1995 年以来一直被北京名牌产品领导小组授予"北京名牌产品"称号。

1998 年 7 月 8 日，北新建材集团有限公司投资 2 亿元建成的年产 1200 万 m^2 的湿法矿棉吸声板生产线正式投产。该生产线全套设备、技术从日本引进，产品仍以"龙牌"矿棉装饰吸声板命名。

国内矿棉吸声板经历了多年的发展历程，特别是在 1985~1995 年，从引进国外技术到国内消化吸收，自行设计、试验，实现了国产化，在国内新建和扩建了数条生产线，使市场装备能力达到 450 万~500 万 m^2/a，1997 年国内矿棉吸声板生产装备能力将达到 1500 万 m^2/a，2000 年达到 2500 万 m^2/a。

近几年，吸声和隔声材料行业的发展呈现出了积极的增长趋势。2022 年我国吸声材料市场规模达到数百亿元，全球市场规模达到 936.96 亿元。

（七）泡沫玻璃工业的快速发展

20 世纪 70 年代中期，泡沫玻璃在我国还只是小批量生产，产品主要供给石化深冷工程装备、管道的保温保冷。

20 世纪 80 年代初开始，在全国石油化工绝热工程技术协作组的组织下，在防火、防水要求较高的普通低温设备上推广应用。实践证实泡沫玻璃的耐久性和其对金属设备管道的优良防腐效果，被更多的用户所接受。

1987 年，随着泡沫玻璃在绝热工程应用范围的扩大，市场需求有了较快的增加。泡沫玻璃的价格一直保持在 2000～2500 元/m³（1980 年的价格水平），缩小了与其他材料的价格差距，使市场有了较快发展。

20 世纪 90 年代，泡沫玻璃已形成一定规模的生产能力，其产品质量已经达到美国 ASTM 的标准要求，产品不仅供应国内市场，还可以出口创汇。

2000 年前后，泡沫玻璃已被规模雄厚的几大企业占据主要市场。广西东兰泡沫玻璃厂、宜兴凯吉绝热材料有限公司、北京中联望城绝热材料有限责任公司等企业产量大、质量好、品种多，出口创汇率高。

2001 年 10 月，泡沫玻璃被列入国家《屋面工程技术规程》（GB 50207—1994）修改稿所推荐的屋面保温材料，2002 年 5 月发布的《屋面工程质量验收规范》（GB 50207—2002）中也涉及了泡沫玻璃的施工规范，泡沫玻璃用于外墙保温的标准也将于 2015 年 1 月发布。

国内泡沫玻璃的质量相对于美国匹兹堡康宁公司的产品而言尚有许多不足，这也促使我国第二代泡沫玻璃技术研发团队继续投入对泡沫玻璃开发，如北京工业大学、嘉兴市新光绿色建材技术有限公司等。

截至 2022 年，泡沫玻璃产能约为 100 万 m³，生产线 30 多条，产量 60 万 m³，产能分布主要在河北、江苏、浙江、河南、安徽等省。

（八）泡沫石棉制品的开发应用

我国自 1975 年开始试制泡沫石棉，上海石棉制品厂首先试制出了试验室样品，随后四川电力建设三公司保温材料厂开始小批量生

五、各类绝热隔声材料的发展概况

产,并在广西合山电厂锅炉炉墙上使用,于1979年通过水利部和电力工业部的技术鉴定。1984年西南电业管理局组织了技术鉴定。

1982年由原咸阳非金属研究所与襄樊市石棉厂共同完成系统研究,建成年产3000m³的中试生产线,正式投入工业化生产,并于1984年通过部级鉴定。由此开始,国内泡沫石棉得到迅速推广。

1987年,武汉工业大学在普通泡沫石棉基础上研制了弹性防水(疏水)型泡沫石棉,研制成功并投入生产,从而使国内泡沫石棉的产品性能达到国外同类产品的先进水平。

1990~1997年,泡沫石棉的推广应用势头比较强盛,该产品很快占领了市场。

2000年,国内生产泡沫石棉的厂家有近百家,全国年产泡沫石棉25万m³,其中无锡特种保温材料厂年生产量3万~3.5万m³,占当时全国生产量30%左右,主供电力行业使用。

随着国家对环保问题的重视,泡沫石棉的走向受到不利影响。20世纪70年代末以来,石棉在世界自由市场经济中的需求量,正以年平均7.1%的递减率降低,其原因在于许多发达国家认为石棉对健康有很大的危害,如美国、欧洲以及日本,石棉的消费量下降尤为明显,甚至在发展中国家,石棉的消费量也有所下降。有的国家在逐步限制石棉制品的使用,且都在积极寻求代石棉材料。受国际大环境的影响,泡沫石棉在国内生产应用也遇到一些问题。在电力行业表现为从国外进口发电设备,保温材料不能选用泡沫石棉材料,若选用泡沫石棉,外国专家发现后会提出更换,如不更换就不去现场。这对泡沫石棉的发展产生巨大影响。

六、绝热隔声材料工业的成就和进步

1980年以前，国内保温材料工业发展比较缓慢，产品主要用于工业管道、工业窑炉等工业设备的保温和保冷，建筑物的保温基本上是空白。

改革开放以来，"六五"到"九五"是我国国民经济高速增长的20年，也是我国新型建材发展的重要历史时期，作为新型建筑材料之一的绝热隔声材料行业也取得可喜进步。尤其是20世纪90年代以后，我国绝热隔声材料有了长足的发展，成为绝热隔声材料产销大国。从产品结构、生产应用技术的角度来看国内绝热隔声材料工业20年的发展，以下三点具有"里程碑"式的意义。

（1）20世纪80年代，以岩棉为代表的纤维质绝热隔声材料，在我国得到广泛的生产和应用。岩棉、矿渣棉工业发展迅速，在消化吸收几条进口生产线后，创新研制了3000t/a、5000t/a的生产线，为我国电力、石油、化学工业的高速发展提供了大量优质价廉的绝热材料。

（2）20世纪90年代初，聚氨酯-彩钢聚苯乙烯等有机质保温材料复合板在北京亚运会两个主场馆建筑屋顶大量使用，开启了聚苯乙烯泡沫制品等有机保温材料在建筑业、低温工业管道与设备等保温工程中广泛应用的热潮。国家及时制定的《建筑物隔热用硬质聚氨酯泡沫塑料》（GB/T 10800—1989）、《隔热用聚苯乙烯泡沫塑料》（GB/T 10801—1989）两个标准，更加规范和促进了有机保温材料在建筑上的推广应用。

（3）《建筑节能工程施工质量验收规范》（GB 50411—2007）的实施，也为绝热隔声材料拓展了建筑用广阔的市场容量，极大地促进了建筑用绝热隔声材料制品生产和应用技术的开发。

至2000年底，全国从事保温隔声材料生产、科研、设计、施工、流通领域的单位近4000家，从业人员近60万人，完成各种绝热材料产品产量近100万t，销售收入40亿元，实现利税5亿元。

至2000年底，我国绝热隔声材料工业已形成比较完整的生产、技术体系。基本上拥有了发达国家已有的全部产品种类，满足了各行各业的使用需求。产品数量年超过100万t，位于世界前列。绝热材料产品种类已有几十类，几千个规格尺寸，可适用于$-190 \sim 1350$℃的保温、保冷工程，基本上满足了国内工程的需求。

（一）高效绝热隔声材料的广泛应用

1. 膨胀珍珠岩

该工业自1966年开始生产以来，因原料来源广，生产工艺简单，投资少，见效快而得到迅速发展，1979年年产量已达200万m^3左右，至1988年已有上千家企业，年产量500万m^3左右，2000年年产量达40万t。

2. 岩棉、矿渣棉

目前近90%的产品用于工业保温，建筑中的应用还不普遍，在建筑领域主要用矿棉装饰吸声板的吊顶材料，1995年的总量为600万m^2。在建筑墙体保温中应用，以纸面石膏板为内面层，在砖、砌块、钢筋混凝土等外墙内作保温结构的"内保温"复合墙体发展较快。

3. 玻璃棉

在国外主要用于建筑围护结构的隔热保温，国内则主要用于工业保温。近年来,在建筑复合墙体中刚刚试用,由于玻璃棉制品具有优良的吸声性能,在一些声响要求较高的场所,玻璃棉制品有一定的应用。

4. 泡沫塑料

国内泡沫塑料(主要是聚苯乙烯、聚氨酯)在建筑中的应用发展较快,主要品种有彩色钢板泡沫塑料夹芯复合板材、钢丝网架水泥轻质夹芯板(泰柏板、3D板、舒乐舍板)和纤维增强聚苯乙烯外保温复合墙体等。

国内保温材料工业经过20多年的努力,特别是20世纪90年代的高速发展,不少产品从无到有,从单一到多样化,质量从低到高,已形成了以膨胀珍珠岩、岩棉、矿渣棉、玻璃棉、硅酸铝纤维、泡沫塑料、硅酸钙绝热制品、复合硅酸盐制品、复合夹芯板材等为主的品种比较齐全的产业。技术、生产装备水平也有了较大的提高,有些产品已达到90年代国际先进水平,但由于国内保温材料工业起步较晚,总体技术、装备水平普遍较低,特别是保温材料市场不够健全,在建筑领域的应用技术有待完善,在极大程度上影响了保温材料的推广应用。

(二)绝热隔声材料生产工艺装备的迅速提升

1. 岩矿棉及制品生产技术进步

1980年以前,全国仅有三个企业生产岩矿棉及制品,年生产能力不足万吨。2000年消费量达到39万t。随着岩棉矿渣棉需求量的加大,生产技术也取得了巨大发展。主要表现在熔化工艺的提高和出现摆锤式布棉成纤工艺。

2. 玻璃棉及其制品工艺技术进步

20世纪90年代末,国内玻璃棉装备生产能力达到近10万t,

生产技术水平也达到国外先进水平。

3. 硅酸铝纤维的技术发展

20 世纪 90 年代初，北京最先从美国引进了耐火纤维喷涂设备，在国内开展了全纤维喷涂窑炉内衬的施工，并在陶瓷行业、石化行业取得了较好的成功经验。

在生产工艺方面，国内大多数企业仍然采用电阻法熔融、一次风（或蒸汽）喷吹、干法针刺成毡的工艺，部分骨干企业建立了代表国际 20 世纪 90 年代初水平的"电阻法熔融、甩丝成纤、干法制毯"生产线和"电阻法熔融、二次风喷吹成纤、干法制毯"生产线。

（三）推进绝热隔声材料标准化为行业发展保驾护航

我国标准化工作是根据《中华人民共和国标准化法》开展的。

全国绝热材料标准化技术委员会 CSBTS/TC 191 与国际标准化委员会 ISO/TC 163 对口，总部设在南京玻璃纤维研究设计院。

1. 绝热材料及应用工程标准建设

多年来的标准化工作也使得相应的绝热材料工业绝热工程标准体系趋于完善。制定了各种绝热材料产品标准、性能检验方法标准、术语标准以及绝热材料的应用工程标准，如设备及管道绝热设计、施工、效果评价等标准。

（1）应用工程标准

《设备及管道保温技术通则》（GB 4272—84），于 1986 年获科技进步二等奖。

（2）试验方法标准

从 1985 年至今，制定、修订了《绝热材料稳态传热性质的测定　圆球法》（GB 11833—1989）等国家标准、行业标准共 12 项，采用国际先进标准 9 项。

（3）产品标准

从 1980 年至今修订了《绝热用硅酸铝棉及其制品》（GB/T 16400—1996）等国家标准或行业标准共 7 项，采用国际先进标准 6 项。

1989 年 3 月，国家标准《硅酸钙绝热制品》（GB 10699—1989）首次发布。

1998 年，对国家标准《硅酸钙绝热制品》（GB 10699—1989）进行修订，该版本标准非等效采用了日本 JISA《人造矿物纤维保温材料》标准。与 1989 年的标准相比，1998 年的标准增加硬硅钙石晶型耐高温硅酸钙绝热制品，产品按最高使用温度分为 Ⅰ 型（650℃）、Ⅱ 型（1000℃），取消了按外观质量分等级的条款。

至 2000 年末，国内现有绝热隔声材料工业国家标准、行业标准 60 项，其中绝热材料应用工程标准 10 项，绝热材料产品标准 21 项，导热系数及热阻的测试方法标准 6 项，燃烧性能试验方法标准 6 项，其他性能测试方法标准 17 项。这些标准的制定和实施对绝热材料的生产与应用起到很大的促进作用。

2013 年和 2023 年，《保温装饰板外墙外保温系统材料》（JG/T 287—2013）和《无机基材涂装饰面一体板外墙外保温工程技术规程》（T/CECS 1313—2023）分别实施。

2024 年 5 月 1 日，中国绝热节能材料协会批准团体标准《矿物棉工业大气污染防治技术要求》（T/CIEEMA 009—2024）发布。

2024 年，中国绝热节能材料协会修订《建筑用金属面绝热夹芯板》（GB/T 23932—2009）。

2024 年，高新技术企业认定机构由科技部变更为工信部。

2. 绝热材料及制品全国性抽查、行检、统检

全国性的产品质量监督检验工作开展了 30 年，从 1986 年至

2000年，矿物棉产品塞进行了 10 次全国性抽查（包括监督、行检和统检），平均合格率 70.11%。

（四）绝热隔声材料工业发展中存在的问题及今后发展方向

改革开放 40 多年来，虽然国内绝热隔声材料工业取得的成就和进步是显而易见的，但就整个行业来讲仍处于较低水平，与发达国家相比，无论在产品质量上，还是在技术装备、产品消耗、环保等方面，都存在很大差距。

1. 绝热隔声材料工业发展中存在的主要问题

（1）产品结构不尽合理

1958 年中期，太原矿棉厂开始利用太钢的矿渣与山西的焦炭相结合，成功生产出矿渣棉。工程师采用三辊和四辊离心机的技术，逐步优化生产过程，最终实现了较细矿渣棉的生产。尽管操作人员在温度控制和岩晶浇筑切入点上尚有不足，导致初期渣球数量较多，但经过多次试验和调整，生产出了符合市场需求的优质矿渣棉。随着技术的推广，河北省廊坊地区大城县与沧州地区河间市陆续引进这一技术。同时，原北京建筑材料科学研究所根据首钢的矿渣生产出矿渣棉。该所利用矿渣棉研制成功棉矿吸声板（这种产品因其优良的装饰效果和吸声性能，迅速在公共建筑、旅馆、招待所以及家庭吊顶中得到广泛应用）。此时的生产规模较小，年产矿渣棉在 5000~10000t，技术水平参差不齐，产品质量相差较大，渣球较多且大小不等。这与生产技术、熔炉的温度、加料方式、操作人员对技术熟悉程度关系很大。保温材料生产技术始于太原矿棉厂这一国有企业，后被河北省民营企业引进，随着市场需求的增大，保温材料在装饰材料的市场份额变大。

保温材料主要分为有机和无机两大类，其中有机材料包括聚苯乙烯泡沫塑料保温板、聚乙烯泡沫塑料、硬质聚氨酯泡沫塑料、柔性泡沫橡塑绝热材料制品等。

火灾的发生引起有机保温材料的限制应用，促使无机保温材料，如矿渣棉、岩棉和玻璃棉制品等快速发展。为此，中国绝热节能材料协会会同应急管理部四川消防研究所，采用聚苯乙烯泡沫钢丝网架板盖了一栋房子，进行火灾试验。经过数小时的燃烧，未见房子倒塌，但燃烧产生了一定量的毒素，因此被限制使用。而生产此类产品的企业，为了拓展市场，开始向大棚蔬菜、猪圈养殖围护结构业务领域发展。

而后，矿渣棉、岩棉、玻璃棉制品得以大量应用。因矿渣棉纤维较粗，渣球的含量较大，影响使用，而后改为岩棉制品，以玄武岩、辉绿岩为原料生产岩棉制品。因玄武岩原料量大面广，得到快速发展，目前年产量达到百万吨左右。

（2）企业生产规模不大，生产技术与装备水平较低

河北省沧州地区河间市和廊坊地区大城县的企业生产规模相对较小，采用冲天炉进行生产，产量从几吨到几万吨不等。为确保产品质量，协会建议每条生产线的年产量最好控制在3万t左右，这也是国家发展改革委的规模推荐标准。此外，使用焦炭作为原料生产保温材料无法满足环保要求。因此，在具备条件的地区，建议采用电炉生产，以确保符合环保标准。

（3）产品质量不稳定

起初，产品质量标准由于没有统一规定，产品质量难以控制，协会推荐以3万t为宜的生产线，使得产品质量得到统一管理。

（4）应用技术和应用领域有待开发

保温材料不仅在管道保温领域占据重要地位，还在节能建筑、航空航天及碳排放等多个领域展现出广阔的市场需求，其应用潜力有待不断拓展。

六、绝热隔声材料工业的成就和进步

（5）保温材料工业宏观缺乏上强有力的管理

保温材料行业虽然在建筑材料行业中占比不大，但其在建筑节能和隔热隔声方面发挥着重要作用。在国家相关部门的推动下，特别是在原国家建材局、墙改办、北京市建委的推动下，彩色钢板保温板得以发展壮大。彩钢板由于产品质量和颜色的保证，在广大农村、城市的棚改中得以大量应用，逐渐取代了传统石棉、水泥瓦、瓦楞板。

根据国家统计局的数据，隔热隔声材料的生产以《国民经济行业分类》（GB/T 4754—2017）C-30-303-3034"隔热和隔音材料制造"为标准进行统计，保温材料、节能材料行业完成工业总产值与利润。

2. 绝热隔声材料工业今后的发展方向

（1）绝热隔声材料工业发展的整体思路

今后绝热隔声材料工业发展的总体思路是：依靠科学技术进步，加强对现有市场企业的技术改造，不断开发满足市场需求的新产品，完善生产工艺和技术装备，提高产品质量，加强保温材料的应用技术研究。

（2）保温材料的发展方向及产品结构

纵观国外保温材料的发展历程，优质高效保温材料在国内的应用今后会占主导地位。

（3）产业的布局与规模

绝热隔声材料有密度小、体积大的特点，一定要遵循合理布局、规模适中的原则。

（4）依靠科技进步强化行业管理，促使绝热隔声材料工业稳健发展。

有关部门和行业协会要做好行业调查，及时准确地提供相关保温材料行业供求信息、生产技术、行业发展趋势的分析预测，逐步实现对保温材料行业的宏观统筹管理，要制定行业发展规划和相应的技术经济政策，制定相应的产品质量标准、统计规程等管理措施，做好生产技术、设备条件、新产品开发、应用技术推广等各种基础性工作。

依靠科技进步，加强生产和应用技术的研究，努力研制、开发深加工产品，开拓应用市场，使绝热材料的生产规模化，应用规范化。

七、21世纪的绝热隔声材料工业

进入21世纪，我国建材工业发展进入一个真正以市场为导向，以产业结构调整为主线，以改革和技术进步为动力，以经济效益为最大追求目标的新阶段。

（一）绝热隔声材料工业的持续发展历程（2001—2018年）

2001年是进入21世纪和实施"十五"规划的第一年，也是贯彻十五届五中全会精神进行经济结构战略性调整的关键一年，保持国民经济稳定发展显得非常重要。党的十五大提出，在现代化建设中必须实施可持续发展战略，要坚持"资源开发与节约并举，把节约放在首位，提高资源利用效率"。

1. 企业规模化程度提高，产品集中度有所提升（2001—2005年）

①纤维类绝热产品；②硬质类绝热产品，主要包括膨胀蛭石制品、膨胀珍珠岩制品、硅酸钙绝热制品、泡沫玻璃绝热制品；③泡沫塑料类；④复合硅酸盐涂料及制品；⑤绝热夹芯复合板

"十五"期间，绝热材料产量增加1.5倍，年均增长速度达到23.8%；矿棉吸声板产量翻一番，年均增长速度达到22.2%。2005年绝热隔声材料生产总量达245万～250万t，比2004年增长16.7%。

"十五"期间，绝热隔声材料、轻质建筑板材生产企业注重技术改造。如岩矿棉产业在技术改造中采用世界先进水平，以辊轮式

集棉器、打包叠板机进行生产,已采用摆锤铺棉的企业有 16 个。硅酸铝纤维企业研制的背衬板生产线规模为亚洲最大。

"十五"期间,绝热隔声材料、轻质建筑板材产业中民营企业资本占了主体。2005 年,矿物棉和泡沫塑料高效绝热材料总量所占比例已达到 77%。

2. 建筑节能助推绝热隔声材料工业规模化发展(2006—2011 年)

2010 年,绝热节能材料行业保持了平稳较快的发展态势,全年完成各种绝热材料产品产量 499.7 万 t,同比增长 21%,实现销售收入 802.5 亿元,同比增长 21%。

"十一五"期间,中国绝热节能材料行业整体素质有所提升,逐步改变粗放型经济增长模式为扩大行业规模与企业规模发展,向集约型经济增长转变。2005 年前全行业达到万吨级、万立方米级、30 万 m^2 级生产规模的生产企业屈指可数,到了 2010 年,上述生产规模的企业发展到百余家。

"十一五"期间,绝热节能材料的产品质量稳步提高,通过 ISO 9000 质量管理体系认证的企业越来越多。绝热节能材料行业改变了无国家级名牌产品的历史,2007 年"龙牌""星牌"矿棉装饰吸声板,"鲁阳牌"绝热用硅酸铝纤维及制品被评为国家名牌产品。

"十一五"期间,绝热节能材料部分产品与生产装备在满足国内生产需要的同时开始走向国际市场。出口各种设备近百台(套),特别是 2 万 t 以上岩棉生产线的出口取得了突破性进展。

"十一五"期间,建筑绝热节能材料应用比例在 60%～65%。

2005 年,建筑自保温专利进入飞速增长期。2005～2006 年,国家相继颁布了国办发〔2005〕33 号文件、国土资发〔2006〕296 号文件,限制、叫停实心黏土砖,也极大地促进了以空心砌块为主要组成的自保温材料的发展。

七、21 世纪的绝热隔声材料工业

2009 年底,全国城镇新建建筑设计阶段执行节能强制性标准的比例为 99%,施工阶段执行节能强制性标准的比例为 90%。全年新增节能建筑面积 9.6 亿 m²,可形成 900 万 t 标准煤的节能能力。全国累计建成节能建筑面积 40.8 亿 m²,占城镇建筑的 21.7%,这一比例还在逐年提高。北京、天津、河北、河南、辽宁、吉林、黑龙江、青海等省市新建建筑全部或部分实施 65% 节能标准。

2010 年,广州市建筑科学研究院有限公司申请了一种结构坚固耐用且保温隔热性能良好的相变隔热砖专利(专利号:CN101942879A)。

3. 新常态下绝热节能材料工业的发展 (2012—2018 年)

"十二五"期间,在建筑房地产业和建筑节能市场需求增长的拉动下,中国绝热节能材料工业快速发展,产业规模继续扩大,结构调整稳步推进,技术装备水平明显提高,政策环境不断改善,节能减排和资源综合利用成效显著。2016 年是绝热节能材料行业跨入"十三五"的开局之年,科技创新、体系创新、管理创新等层出不穷。

1)行业集中度进一步提高,产品结构稳步推进。

(1)产业规模继续扩大

2015 年全国绝热节能材料产量 564 万 t,年均增长 5.59%。声学材料快速发展,全国声学材料产值 583 亿元,年均增长 15.82%,资产总额达 497 亿元。声学材料制造企业突破 1000 家,从业人员 27 万人。

①岩棉矿渣棉

据统计,截至 2015 年,全国已投产 2 万 t 以上岩棉生产线 131 条,产能 278 万 t;在建生产线 23 条,产能 56 万 t。但由于市场波动,岩棉生产总开工率不到 60%,企业在低利润运行。

2016 年,岩矿棉有比较好的增长得益于矿棉装饰吸声板市场的快速反弹，吸声板产量大增 5000 多万 m²，使粒状棉销量上升，市场走俏，仅粒状棉一项为岩矿棉贡献了 7% 的增量，同时随着《建筑设计防火规范》（GB 50016—2014）的执行，夹芯板用岩棉带取代了一部分有机板的市场。

2018 年 4 月，安徽轩鸣新材料有限公司投资 1.6 亿元，年产 6 万 t 的优质岩棉现代化生产线奠基开工。

②玻璃棉

据统计，至 2015 年玻璃棉新近建设的生产线达 25 条之多，新增产量 30 万 t，仅河北省新增生产线就 10 多条。目前，全国离心玻璃棉产能达到 100 万 t，河北地区集中了 51 条玻璃棉生产线（全国共 87 条生产线），近 60 万 t 的产能。2016 年玻璃棉市场有所好转，企业基本扭转了 2015 年全行业亏损的局面，但仍在微利运营。

③硅酸铝纤维

2015 年，硅酸铝纤维生产线全国共有 235 条，产能 65 万 t。业内龙头企业集中了 18 万 t 产能，占全国总产能的 25%。

（2）产业结构调整稳步推进

产品结构不断优化。岩棉、泡沫玻璃、真空绝热板等无机绝热节能材料及应用占比稳步提高，其中岩棉及制品占比由 2010 年的 27.56% 提高到 2015 年的 36.35%，泡沫玻璃产能达到 260 万 m³，真空绝热板产品在家电、冷链物流等领域得到推广应用。难燃低导热系数的有机节能材料——酚醛泡沫产品进入建筑业的高端市场。

在南方地区，建筑节能采用了膨胀珍珠岩及制品。2015 年全国膨胀珍珠岩保温板总产量达 28 万 m³，产值约 2.8 亿元，在安徽建筑领域得到广泛应用，2016 年产量超过 30 万 m³。

新型防火阻燃复合保温材料、保温防火结构模块等建筑装配式一体化产品不断涌现，逐步取代传统、易燃的有机类建筑保温制品。

七、21世纪的绝热隔声材料工业

泡沫玻璃绝热制品生产线108条,产能237.5万 m^3,仅河北就有20多条。2015年受原材料价格上涨影响,泡沫玻璃生产线的开工率不到50%,具有一定规模的企业仍在坚持生产。

(3) 技术装备水平不断提升

绝热节能材料生产规模大型化、自动化,节能环保技术水平显著提高。岩棉领域攻克规模化生产装备技术关键难题,研发成功5万t级岩棉生产线。泡沫玻璃装备技术水平突飞猛进,单线产能规模扩大40倍,由1500m^3/a增至6万 m^3/a。气凝胶复合制品工业化生产关键技术取得重大突破。岩矿棉行业的富氧燃烧技术、烟气焚烧及余热利用技术、四辊离心成纤技术、高速高精度无尘切割技术,以及全自动烟气脱硫装置和全自动打包叠板系统等先进装备在行业得到广泛推广应用。

2) 企业管理水平、产品质量明显提升

为了监督和维护外墙外保温用岩棉产品的质量和行业秩序,进一步促进岩板在建筑节能领域中的健康发展,国家玻璃纤维产品质量监督检验中心根据各方要求,在2013年成功进行岩棉产品型式检验的基础上,于2014年3月开展了全国外墙外保温用岩棉产品抽样型式检验活动。此次检验范围,涉及全国8省3个直辖市共计22家企业的35个批次产品,覆盖产能达100万t,其中34个批次合格,这意味着岩棉的生产质量有了较大提升。

3) 防火性能优良的节能板材受到市场青睐

2012年,岩棉、酚醛两个品种产量增幅分别达到了20%和30%,这主要受益于建筑外墙保温市场对外围护结构保温防火要求较高的政策支持。

2012年,聚苯乙烯泡沫塑料(EBS)是增长幅度较快的品种,增幅在10%~15%,阻燃性能改善使产品的市场逐步扩大。石墨聚苯板或将无机材料与聚苯乙烯泡沫颗粒复合在一起,使其产品在应用中达到遇火不燃烧、不滴落的状态，或者用酚醛树脂改性聚苯乙烯颗粒等。

2013年，岩矿棉产销量195万t，与2012年同期相比增长幅度为10%，但销售价格平均下降幅度为30%。

在2015年之后，金属面绝热夹芯板的芯板大部分改为无机保温材料，岩矿棉、玻璃棉为芯材的金属面夹芯板占总产量的60%以上，今后无机芯材的夹芯复合保温板仍会有很大发展。

4) 新型高效绝热材料研发进入实际应用

(1) 真空绝热板（VIP）

真空绝热板是由英文Vacuum Insulation Panel翻译而来，通常简称为VIP，是真空保温材料中的一种。真空绝热板由填充芯材与保护表层经真空封装复合而成，它有效地避免了对空气对流引起的热传递，因此其导热系数大幅度降低，甚至小于2W/(m·K)。真空绝热板不含有任何消耗臭氧层物质（ODS）的材料，具有环保和高效节能的特性，是一种先进、绿色、高效、绝热的保温材料。

真空绝热板主要用于冷藏、冷冻及保温节能行业。冷藏、冷冻领域如各类冰箱、自动贩卖机、陆地冷库等固定式装备，以及船用冷库、冷藏集装箱、液化天然气运输船和运输车等移动式装备。保温节能行业如建筑外墙保温、建筑室内保温、飞机高铁汽车等运载工具保温、热力管道保温、热水器保温等。

例如，冰箱采用真空绝热板可节能10%~30%，并且增加有效容积20%~30%。尽管现在真空绝热板的价格还偏高，但用户使用冰箱7~10年节约的电费，已相当于冰箱采用真空绝热板增加的费用。德国研究资料表明，建筑采用真空绝热板新材料后，其使用空间可增大10%，电能消耗可降低15%~25%。

同其他绝热材料相比，真空绝热板的优势有：真空绝热板导热系数较低；用于冷藏、冷冻（设备）设施可增加储存空间；用于建筑外墙保温可增大建筑容积率和得房率；用于建筑内层保温可减少空调运作时间，显著节约能耗；保温技术要求相同时，保温层厚度薄、体积小、质量轻，刚度高，硬挺度好，可直接作为装饰保温面。

（2）气凝胶与复合气凝胶制品

气凝胶是一种具有纳米多孔结构的新型材料，1931年由美国KistIer.S.发明，因其轻若薄雾，颜色泛蓝，又被称为"蓝烟""冻结的烟"，其创下15项吉尼斯世界纪录，在热学、光学、电学、力学、声学等领域显示出许多奇特的性能，被称为改变世界的神奇材料，被列入20世纪90年代以来10大热门科学技术之一，是具有巨大应用价值的军民两用材料。

2011年，国家《产业结构调整指导目录（2011年本）》，首次将气凝胶材料列为鼓励优先发展的新材料。在2017年1月6日公布的《国家重点节能低碳技术推广目录》（2016年本 节能部分）中，气凝胶也被列入其中。

2017年4月20日，天舟一号货运飞船随长征七号运载火箭在海南省文昌航天发射场发射升空，4月22日成功实现与天宫二号的对接。继在长征五号的发射任务中为火箭燃气管路系统提供有效的隔热保温手段，气凝胶隔热材料在天舟一号作为低温锁柜的保护外衣，再次发挥了气凝胶材料超绝的隔热保温性能。

气凝胶制品主要应用于保温领域，如在节能门窗中的应用、节能玻璃等。

2014年国内气凝胶制品产量8500m^3，市场规模为1.82亿元。2015年是国内气凝胶规模的变化较大的一年，新增产能达1.6万～2.0万m^3（已经实现量产的主要气凝胶企业都在大力扩产），实际产量约1.9万m^3，进口产品约1万m^3，市场规模3.3亿元。预计2029年市场规模达到37.17亿元。

国家标准化管理委员会 2017 年 10 月 14 日发布公告，气凝胶国家标准《纳米孔气凝胶复合绝热制品》（GB/T 34336—2017）正式发布，该标准于 2018 年 9 月 1 日实施。

5）先进的保温装饰一体板发展势头迅猛

经过十几年的发展，一体板行业发展迅猛，从最初的几家企业发展到现在的 200 多家企业。同时随着国家装配式建筑的发展，复合制品一体板产业迎来了巨大的政策窗口。

2006 年，厦门固克涂料集团有限公司开始研发生产保温装饰一体板，目前已经成为中国 500 强地产企业首选供应商。

2018 年 3 月 24 日，由中国绝热节能材料协会主办的 2018 全国一体板涂装技术及应用创新行业大会在江苏省宿迁市召开。来自政府、行业协会的领导以及行业专家、学者、企业代表 300 余人参加了大会。本次大会对推动保温装饰一体板产业的发展、促进国内市场的开发、拉动产品档次的提升，使保温装饰一体板产业走进环保、创新、升级、智能制造的新时代有着巨大推动作用。

（二）21 世纪绝热节能材料工业的成就和进步

1. 名牌战略引领绝热节能材料行业由量转向质的发展

2007 年，"龙牌"（北新集团建材股份有限公司）、"星牌"（北京星牌建材有限责任公司）矿棉装饰吸声板，"鲁阳"绝热用硅酸铝纤维及制品被评为国家名牌，改变了绝热节能材料行业无品牌产品的历史，为行业品牌的发展起到标杆与推动作用。

2007 年 11 月 11 日，中国建材行业最大企业之一北京金隅集团股份有限公司和美国最大的建材制造商 USG 集团，共同投资组建中美合资企业。公司生产车间占地 7.8 万 m^2，投资 5500 万美元，全套进口世界最先进的自动化生产设备，目前已形成矿棉板 2500 万 m^2、

七、21世纪的绝热隔声材料工业

龙骨300万m的生产能力。"星牌"优时吉矿棉装饰吸声板采用炼铁高炉产生的废矿渣为主要原料生产的矿渣棉（粒状棉），采用清洁能源天然气作燃料，生产过程中产生的废水、废弃物都实现了循环利用，基本实现了零排放。

在过去相当长的一段时间里，受客观环境的限制，绝热隔声材料行业发展速度缓慢，存在小、散、乱、落后、污染、效益低等诸多问题。近年来，随着国内房地产、建筑装饰、电力、冶金、石化及环保产业的快速发展，尤其是建筑节能的大力推进，绝热隔声材料工业得到迅速发展，绝热材料品种很多，性能差异也较大，但其共同的特点是质轻、导热率低，为此具有优良的保温、保冷和隔热性能。

随着市场不断发展变化，绝热材料市场也相继走向品牌化道路：绝热材料品牌产品、绝热材料品牌企业、绝热材料品牌市场，品牌企业市场占有率的扩展便是绝热材料企业打造品牌成功率最有效的证明。目前国内许多知名绝热材料品牌企业开始走向世界市场，品牌之路是必须要走的道路，因此应加快推进国内绝热材料企业走国际化道路。

2010年绝热材料总产量已达到500万t，矿棉吸声板产量达到1.4亿m^2；绝热材料在建筑节能领域的应用比例占总产量的70%，在工业领域的应用比例占总产量的30%。因此，在数量增长的同时，还需调整产品结构，提高产业集中度，提高产品质量，提高产品技术含量，增加产品功能。要发展一批主业突出、有较强的经济实力和投融资能力、具备完善的科研开发体系的大公司和企业集团，形成区域性的企业集群，成为行业主体和中坚力量，在行业发展中起主导作用。同时，通过培育品牌产品，扩大其市场占有率，提高企业竞争力，保障绝热材料行业健康发展。

2016年，根据国资委和商务部有关批准协会在行业中开展"企业信用等级评价"的文件精神，中国绝热节能材料协会与中国商务信用平台合作，在行业中开展了"企业信用等级评价"工作。有数十家申报，经第三方评选机构评选出12家首批获得行业"企业信用等级A级"以上的企业。其中10家企业获3A级评价，2家企业获2A级评价，这对提升行业自律和企业信用管理水平起到了很好的示范作用。2016年度获得行业"信用等级A级"以上企业如下：

序号	企业名称	信用等级
1	浙江德和绝热科技股份有限公司	AAA
2	华美节能科技集团有限公司	AAA
3	江苏佰佳丽新材料科技有限公司	AAA
4	山东古云阳光岩棉集团有限公司	AAA
5	江苏卧牛山保温防水技术有限公司	AAA
6	浙江阿斯克建材科技股份有限公司	AAA
7	天津市东方巨龙供热设备有限公司	AAA
8	浙江振申绝热科技股份有限公司	AAA
9	成都瀚江新材料科技股份有限公司	AAA
10	新疆华美伟业高新材料有限公司	AAA
11	陕西合力保温材料制品有限责任公司	AA
12	四川帕沃可矿物纤维制品有限公司	AA

工业和信息化部、住房城乡建设部联合下发了《关于加快开展绿色建材评价有关工作的通知》《绿色建材评价标识管理办法》《绿色建材评价标识管理办法实施细则》和《绿色建材评价技术导则（试行）》等文件。为贯彻落实上级的工作部署，加快绿色建材推广应用，协会秘书处与北京国建联信认证中心合作在行业中开展《绿色建材评价标识》工作。经企业申报，北京国建联信认证中心组织专家评价，2016年度行业首批6家企业通过《绿色建材评价标识》评价。

2. 65号文引发的建筑保温材料讨论

在推广建筑节能过程中，为了贯彻国家节约能源的政策，《建设部建筑节能"九五"计划和2010年规划》中，对我国建筑节能工作做出了全面部署，采取逐步推进的方针。为扭转我国严寒和寒冷地区居住建筑采暖能耗大、热环境质量差的状况，我国于1986年8月1日起实施第一阶段节能30%的《民用建筑节能设计标准（采暖居住建筑部分）》（JGJ 26—86）（以下简称原标准）。原标准适用于设置集中采暖的新建和扩建居住建筑（住宅建筑约占92%，集体宿舍、招待所、旅馆、托儿建筑等约占8%）以及居住区供热系统的节能设计。

根据发展经济、节约能源、保护环境、实施可持续发展战略目标的需要，我国于1996年7月1日起实施第二阶段节能50%的《民用建筑节能设计标准（采暖居住建筑部分）》（JGJ 26—1995）（以下简称新标准）。新标准适用于严寒和寒冷地区设置集中采暖的新建和扩建居住建筑的建筑热工与采暖节能设计，暂无条件设置集中供暖的居住建筑，其围护结构宜按新标准执行。随后部分省市提出节能60%，还有的提出节能75%的奋斗目标。

在建筑节能实施过程中，建筑物的围护结构采用外保温的方式，选用的保温材料以聚苯乙烯泡沫塑料（板）为主，也选用聚氨酯喷涂或以硬质聚氨酯泡沫塑料（板）进行薄抹灰的方式进行施工。因施工管理的疏漏或引发火灾，重大火灾达数百起。影响较大的有：2008年10月的哈尔滨"经纬360"大厦大火，2008年11月的济南奥体中心体育馆大火，2009年2月的央视文化中心大火，2010年11月的上海静安区的教师公寓大火，2011年2月的沈阳皇朝万鑫酒店大火，2012年8月的大连华信培训大厦大火，2012年12月的石家庄勒泰中心大火。

泡沫塑料保温材料引发的火灾与一般的建筑火灾相比，速度之快来不及抢救，对人民生命财产造成严重损失，危害性极大。人们就像住在用泡沫塑料包围的住宅里，着火后就如同住在一座火山上，一旦爆发会导致家毁人亡。有机易燃保温材料造成这种保温建筑物的后遗症，随着其应用规模的扩大而日益严重，令人不安，已造成严重的社会问题。

2011年3月14日公安部颁布公消〔2011〕65号文《关于进一步明确民用建筑外保温材料消防监督管理有关要求的通知》（下称"65号文"），明确规定"民用建筑外保温材料采用燃烧性能A级材料"，并提出要求，"对已经审批同意但尚未开工的建设工程，建筑外保温采用易燃、可燃材料的，应督促建设单位更改设计选用不燃材料，重新报审"。公安部、住房城乡建设部联合发布的公通字〔2009〕46号文明确规定，建筑外保温不得采用B1级和B2级材料，这就意味着目前建筑市场上大多数的EPS、XPS和PU等外保温材料将被淘汰出局，甚至有的建筑工程将被停工，这样一来，只能应用无机保温材料，而无机保温材料在国内高层建筑应用中尚存在不少问题，建筑设计部门难以推广使用，且其供应量远远不能满足巨大的建筑外保温市场需求。对此，引发建筑业、建材业和有机保温材料生产厂强烈反响，有的认为国内几场大火的主要原因是施工现场管理不善及采用低劣有机保温材料所致，并非公通字〔2009〕46号文所规定的标准高低问题；大多数生产企业认为"65号文"规定过于苛严，目前也不可能生产出A级有机保温材料，有的企业甚至要求公安部放宽标准，重新修改"65号文"；有些建筑业人士认为防火安全与节能减排要同时并举，但不能只强调防火安全而导致建筑节能工作停滞，节能建筑工程执行的是房屋构造系统防火标准，对材料防火等级没必要做出限制。总之，从不同角度提出了不同看法。

七、21世纪的绝热隔声材料工业

以安全为"一票否决"机制的"65号文",曾深刻地改变了建筑外保温材料的格局,占建筑外保温材料市场90%以上份额的有机建筑外保温材料被集体"封杀",而仅占不到10%市场份额、能达到A级防火标准的岩棉、玻璃棉、膨胀珍珠岩制品、泡沫水泥与泡沫混凝土等无机建筑外保温材料行情却异常火爆。

为此,国家有关部门在上海市和北京市召开了大会,公安部消防局和住房城乡建设部也就墙体材料的防火安全问题召开了几次专题研讨会。这对推动这一问题的深入讨论和探讨可行的解决办法起到积极的作用。

之后发布的《建筑设计防火规范》(GB 50016—2014)在《建筑设计防火规范》(GB 50016—2006)的基础上,把建筑构造中保温材料的选用作为重点单独列出。

国家从安全性、经济性及综合性等方面逐步完善建筑保温材料防火问题的进步,发现问题—分析问题—解决问题,不断从现行外保温构造中发现问题,逐步完善建筑保温材料的性能。

应提高保温材料的质量和性能。目前国内多数EPS和XPS的体积密度和结构强度等性能难以满足建筑功能要求。因此,EPS和XPS板的质量和性能除了要在防火安全的性能上下功夫外,还要相应提高体积密度、增强结构强度、降低吸水率等,以提高聚苯板的档次和水平,这样才能真正满足国内节能建筑的应用要求。

对于无机保温材料,由于国内保温材料生产厂大多数规模小、生产技术工艺、装备落后,自动化水平低,造成产品质量和功能低下,更需要积极开展技术创新,采用新工艺新技术,才能大幅度提升绝热材料的品质。

除此之外,还要开展各种憎水性和轻质多功能复合绝热材料的开发研究。尽快提高绝热材料标准水平。随着《建筑设计防火规范》(GB 50016—2014)和《公共建筑节能设计标准》(GB 50189—2005)

的修编、颁布，以及用于建筑外保温材料的产品标准、系统材料标准和应用技术规程的陆续出台，在防火、节能、产品及应用方面，从标准层面上来说，基本上有了统一、明确的要求。

建筑绝热隔声材料行业属国家重点鼓励和发展支持的新材料产业，生产和使用该类材料不但可使建筑物能耗效率与使用舒适度大大改善，也与国家节能环保发展战略和建筑节能、绿色建筑的监管要求相符合。至2015年，《绿色建筑评价标准》《建筑设计防火规范》等一系列越来越严格的国家强制性外墙保温材料标准相继出台，在不断提高国家对建筑节能及建筑防火要求的同时，也使得保温材料生产企业不得不加快创新步伐。加快墙体保温材料产业的转型升级、推进新型墙体保温材料产品的研发应用，已成为现今的行业热点和当务之急。同时，2015年8月31日，工业和信息化部、住房城乡建设部联合发布《促进绿色建材生产和应用行动方案》，提出到2018年绿色建材在行业主营业务收入中占比提高到20%，新建建筑中绿色建材应用比例达到30%，绿色建筑应用比例达到50%，试点示范工程应用比例达到70%，既有建筑改造应用比例提高到80%。保温材料的发展不能脱离绿色，只有顺势而为，才有希望。

3. 复合绝热（保温、保冷和隔热）材料成为行业新宠

有机保温材料导热系数低，但防火性能差。无机保温材料虽阻燃性能高，却存在吸水率大、密度大、制备周期长等缺点，由此，新兴起了一种新型保温隔热材料——有机无机复合保温隔热材料。目前大致有三种复合型保温材料，即复合型硅酸盐保温隔热材料、中空陶瓷乳液-复合型保温隔热材料和泡沫塑料-硅酸复合保温隔热材料。

七、21世纪的绝热隔声材料工业

（1）复合型硅酸盐保温隔热材料

复合硅酸盐保温材料导热系数低、热稳定性好、无毒、不腐蚀设备、防水性好、使用寿命长、力学性能好并且施工方便，主要应用于常温下建筑屋面、墙面等的保温隔热以及石油、化工、电力等领域的热力设备和管道的保温隔热，还能应用于烟囱内壁和炉窑外面的保温保冷。这种材料不仅克服了有机隔热材料和无机隔热材料的不同缺陷，还具有不燃、不吸湿、抗折强度高、耐用、易于加工成型等优点，广泛用于干燥室、工业窑炉、建筑物隔热等。

（2）中空陶瓷-乳液复合型保温隔热材料

中空陶瓷-乳液复合型保温隔热材料主要由一些悬浮于惰性乳液中的微小陶瓷颗粒构成，具有低导热系数、低蓄热系数等优良的热性能和隔热反射功能。在国外，该材料已经从航天领域拓展到民用建筑及工业领域中。

（3）泡沫塑料-硅酸盐复合保温隔热材料

泡沫塑料与其他无机材料复合后所制成的复合材料不仅具有良好的保温隔热性能，而且还具有很多优异性能，现已被广泛应用于化工生产、能源输送以及食品工业等领域。以聚苯乙烯泡沫塑料板为主要原料，研制出一种屋面防水保温隔热板。该板具有保温隔热与防水的性能，非常适用于屋面防水与保温隔热铺设。胡冰彬制得了一种低密度的有机-无机复合泡沫玻璃保温隔热材料，该材料相比于低温泡沫玻璃和传统泡沫玻璃，孔径结构更均匀、孔径小、抗压强度更高，是一种具有广泛应用前景的保温隔热材料。

复合材料具有施工难度小、工程成本低、防火阻燃性能好、保温隔热性能好、抗老化性能强、耐久性强、原材料来源广泛、生产过程中的能量耗低、符合生态环保的需求、可以实现资源的循环利用等优点。复合保温隔热材料的生产工艺、施工方法及应用效果需要在实践中去完善和验证。

2013年，建研科技股份有限公司、上海竹宫节能科技有限公司、安徽科瑞克保温材料有限公司、中国建筑科学研究院有限公司联合研发了一种超薄绝热保温复合砌块（专利号：CN104153511A），主要通过真空技术达到保温的效果。超薄绝热保温板（STP板）的导热系数为0.0067W/（m·K），达到普通保温材料的1/10，保温效果优异。

4. 标准引领，提升绝热节能材料的质量水平

随着国家经济的发展和对节能降耗的重视，绝热材料行业得到了长足的进步，绝热节能材料行业需要充分发挥标准化对产业发展和质量提升的引领作用，推动建设制造强国和质量强国。

《新材料标准领航行动计划（2018—2020）》要求构建完善的新材料产业标准体系，同时，新型绝热材料的涌现也使得生产企业、设计部门、用户各方对标准化的需求越来越大。做好绝热材料的标准制定、修订工作，有利于提高各类绝热材料产品质量，规范和引导市场的良性竞争，推动绝热节能材料行业健康、有序、快速发展。

（1）以建筑保温为导向的矿岩棉标准和产品应用

2005年，国内制订了第一部专门针对建筑保温用矿岩棉制品的标准《建筑用岩棉、矿渣棉绝热制品》（GB/T 19686—2005），建筑岩、矿棉制品的标准首次提出强度概念，提出了层间抗拉强度的要求，进一步明确了对防水性能的要求，这些要求对建筑保温有实际意义。

（2）针对外墙外保温用岩棉标准和应用

由于建筑保温中外墙外保温系统占主导地位，2010年国家启动了国家标准《建筑外墙外保温用岩棉制品》（GB/T 25975—2010）的制定工作，该标准于2011年10月1日起实施。标准直接针对外墙外保温体系，明确了标准适应性，鉴于矿渣棉的耐水性能和耐久性能难以达到外墙使用的要求,明确了制品为岩棉材料;与欧洲标准相比,该标准增加了酸度系数要求,以增强对内在品质的控制;将欧洲的产品标准和应用技术规范相融合,产品标准与应用方法相挂钩,增强了标准完整性和可操作性;将岩棉板和岩棉带分别规定性能和使用方法。该标准的实施为一直困扰建筑保温行业的矿岩棉外墙外保温应用提供了重要依据。

2007年,国家对《绝热用岩棉、矿渣棉及其制品》(GB/T 11835—1998)标准进行了进一步修订,其蓝本为 JIS A 9504—2003。相较于1998年的版本,2007年的版本主要做了以下修改:提高了渣球含量指标要求;拓宽了制品的密度范围;增加了选作性能项目、最高使用温度和腐蚀性;增加了"矿物棉及其制品对金属的腐蚀性测定"和"不同温度下的导热系数方程"两个附录。

2010年,制定了国家标准《建筑外墙外保温用岩棉制品》(GB/T 25975—2010)。

2013年,制定了行业标准《硬泡聚氨酯薄抹灰外墙保温系统材料》(JG/T 420—2013)和国家标准《模塑聚苯板薄抹灰外墙外保温系统材料》(GB/T 29906—2013)。

2014年,制定了国家标准《挤塑聚苯板(XPS)薄抹灰外墙外保温系统材料》(GB/T 30595—2014)和行业标准《外墙外保温用硬质酚醛泡沫绝热制品》(JC/T 2265—2014)、《建筑用膨胀珍珠岩保温板》(JC/T 2298—2014)、《建筑防火隔离带用岩棉制品》(JC/T 2292—2014)等。

2015年,修订了国家标准《绝热用硅酸铝棉及其制品》(GB/T 16400—2003)、《建筑用岩棉绝热制品》(GB/T 19686—2015)和行业标准《泡沫玻璃外墙外保温系统材料技术要求》(JG/T 469—2015)。

2016年,修订了国家标准《绝热用岩棉、矿渣棉及其制品》(GB/T 11835—2016)。

2017年10月14日,气凝胶国家标准《纳米孔气凝胶复合绝热制品》(GB/T 34336—2017)正式发布,该标准于2018年9月1日实施,这是国内第一个气凝胶材料方面的国家标准。

长期以来,从材料到工程应用形成"产品标准""应用技术规程"和"应用图集"三驾马车的局面,分别用于规定材料要求、系统构造、施工方法、工程验收等,为设计、施工和工程监理单位三方提供依据。按照这一模式,下一步亟须制定统一的岩棉外墙外保温系统应用技术规程和岩棉外墙外保温系统工程图集等。

节能降耗已成为社会发展的主旋律,高效、新型、轻质、结构稳定的绝热材料在工业领域能够使能源得到高效的利用。国家对环保政策的不断推进,对无机绝热材料在工业即建筑领域的应用提出了越来越高的要求。《建筑设计防火规范》《岩棉、矿渣棉及其制品单位产品能源消耗限额》《外墙内保温复合板系统》等40余项关于绝热节能材料的标准、技术规程,以及一系列关于建筑节能、绿色建筑、建筑保温领域的规范、标准、规程和应用图集的发布,特别是《建筑设计防火规范》(GB 50016—2014)的正式实施,为绝热节能材料行业发展指明了方向。各省市政府部门也根据各地区的气候特点和具体情况制定了一批适用于本地区居住建筑、公共建筑节能设计的标准和相应的绝热材料应用施工技术规程,极大推动了绝热节能材料的发展。

(三)《绿色建筑行动方案》推动行业进步新历程

由国家发展改革委、住房城乡建设部编制的《绿色建筑行动方案》于2013年发布,该方案主要目标是"十二五"期间完成新建绿色建筑10亿 m^2,到2015年末,城镇新建建筑达到绿色建筑标准要求等。

七、21世纪的绝热隔声材料工业

绿色节能将成为无机保温材料的旗帜。防火安全是无机保温材料的基本属性,而绿色节能是无机保温材料可持续发展的根本保证,因而必须从原料来源、无机保温制品的生产、使用及废弃无机保温材料的处理等方面综合考虑,原料方面可以考虑利用工业废弃物(如粉煤灰、矿尾矿、煤矸石等)、其他固体废料(如湖泊污泥、废弃河床废沙、荒弃废土、建筑垃圾等)及炼铁、铁合金生产过程中的热熔渣等生产无机保温材料及制品。尽量做到资源的二次利用,在这一点开发泡沫陶瓷和泡沫玻璃会有较大优势。

《绿色建筑行动方案》按照有利于节能、节水和环保的理念,提出"十二五"期间大力推进绿色建筑发展。其中要求,在政府投资建筑、商业房地产、工业建筑、保障性住房、棚户区改造等逐步执行强制性绿色建筑标准。方案提出既有建筑节能改造、新建绿色建筑两大目标,建筑材料节能将大有可为。

1. 既有建筑节能改造

按计划,在"十二五"期间,完成北方采暖地区既有居住建筑供热计量和节能改造 4 亿 m^2 以上,夏热冬冷地区既有居住建筑节能改造 5000 万 m^2,公共建筑和公共机构办公建筑节能改造 1.2 亿 m^2。

2. 新建绿色建筑

计划"十二五"期间完成新建绿色建筑 10 亿 m^2 以上。相关政策的提出,也为建筑材料的升级推波助澜,新型建材将显著受益。

《建筑材料行业"十二五"科技发展规划》指出,建筑节能与绿色建筑已成为国家战略。目前国内许多知名保温材料品牌企业开始走向世界市场,品牌之路是必要走的道路。由此可见,保温材料企业发展趋势要走集约化、品牌化道路,这也将是未来发展趋势。

根据《绿色建筑行动方案》所确立的两大目标,可以探索以下两个发展方向作为实践路径,以推动建筑业向更加环保、高效的未来迈进,同时实现建筑的美化与环境的和谐共生。

1. 强调生产、应用过程的"绿色化"

减少绝热材料产品生产过程中的生产能耗与污染物排放量,考虑产品的可回收再利用性。尽量减少对天然矿物资源的需求,采用废弃物为生产原料,如有机质发泡保温制品不再利用氟里昂为发泡剂。继续完善、开发以日用废塑料制品为主要原料的建筑隔热保温制品,及液态渣的矿棉生产技术等,开发以植物纤维为主要原料的纤维质保温材料,发展无石棉硅酸钙隔热保温制品等。

2. 绝热材料互联网经营

随着互联网的不断普及和发展,各行各业都纷纷搭上了电商的列车,作为新型建材的绝热材料行业更是要抓住机遇,加入电子商务行业。电子商务与传统行业的融合已成为必然趋势。

随着互联网市场日新月异的发展,绝热材料行业曾经传统的营销模式对新兴科技领域来说早已不能满足企业发展需要,很多传统企业已经开始将营销重点转入网络营销这一新型模式。随着绝热材料行业准入门槛的提高,绝热材料行业已经进入转型发展期,而营销的变革就是绝热材料行业转型的重要部分,因为差异化的电子商务平台对绝热材料行业的发展更具有推动力。

网络时代,基于互联网的创新应用让越来越多的传统行业商家看到了在营销渠道拓展、精准营销、品牌塑造、口碑传播等方面的应用价值。布局电子商务阵地必将成为绝热材料行业进入网上创新营销的先锋力量,通过互联网平台,构建手机、电脑客户端,为整个行业有效地扩充了营销渠道,降低了广告成本,迅速树立起了市场信心,利用大数据处理形成强大的市场领先地位。

纵观绝热材料市场的发展,虽然尚处于质量参差不齐的状态,但同质化竞争已然带来了产品质量不稳定、市场技术应用瓶颈、营销渠道狭隘等一系列无序混乱现状,严重制约了绝热材料行业突破发展。而迎来绝热材料企业革新转型对大多数企业来说是刻不容缓的问题,让驱动创新解决行业纵深发展的痛点。当绝热材料行业增速遭遇参差不齐的现状,企业究竟是选择独树一帜脱颖而出,还是选择偏安一隅逐渐没落,成为大家必须作出的抉择。若想不被淘汰,企业必须要有自己的独创,依靠灵敏的市场嗅觉,精准定位行业需求,打造差异化高附加价值产品,才能稳操胜券,在竞争日益白热化的市场中分得一杯羹。

　　绝热材料企业的转型升级,必然会带动整个行业的革新。逐步形成绝热材料行业竞争格局时,势必要坚持科技推动变革,创新驱动发展。在低碳环保的大势下,洞察市场供需关系、降低能源消耗、降低生产运行成本、提高品牌价实力、扩宽销售渠道、横向延伸产业链,为企业的长久发展和行业活力提升并集聚动力。当然,也只有在实现绝热材料行业本质上的突破后,企业在未来市场的占有率才会有所上升,而这也是未来绝热材料企业想要持续健康发展必须要做的工作。

附 录

工业和信息化部于 2024 年 1 月 5 日给中国绝热节能材料协会一封感谢信,内容如下:

感 谢 信

中国绝热节能材料协会:

  2023 年,原材料工业坚持以习近平新时代中国特色社会主义思想为指导,深入学习党的二十大和中央经济工作会精神,全面贯彻党中央、国务院重大决策部署,认真落实全国新型工业化推进大会部署要求,以稳增长为中心任务,坚持扩大需求、增强动能、守住底线,以原材料工业高质量发展加快推进新型工业化进程。经过一年的努力,原材料工业持续平稳增长,矿产资源安全保障水平进一步提升,新材料产业创新发展取得新突破,传统产业转型升级成效显著,为巩固经济回升向好提供基础支撑和有力保障。

  在此期间,贵单位在我司推动绝热节能材料发展相关工作中给予了大力支持和帮助。值此新春佳节之际,谨向贵单位表示诚挚谢意!希望在未来的工作中,持续加强协作,共同推动原材料工业高质量发展不断取得新突破新成效。

工业和信息化部原材料工业司
2024 年 1 月 5 日

画作人简介

宁志霖

　　山西绛州人,中国美术家协会山西分会会员,现任新绛县美协主席、中国国家诗书画院高级院士,从事保温材料的应用与实践多年,因酷爱书画,曾深造于中国书画函大,专攻国画花鸟,并师从王雪涛、齐良迟、田世光等名家,深得传统精髓,其绘画理念主张"师自然而不拘,索天趣以传神",作品笔势奔放,气韵生动,兼具雄浑气势与细腻刻画,风格独特。